U0552420

方尖碑
OBELISK

探知新视界

吴哥王朝兴亡史

アンコール王朝
興亡史

[日本]
石泽良昭
著

瞿亮
译

译林出版社

图书在版编目（CIP）数据

吴哥王朝兴亡史 /（日）石泽良昭著；瞿亮译.
—南京：译林出版社，2024.7
ISBN 978-7-5753-0126-8

Ⅰ.①吴… Ⅱ.①石… ②瞿… Ⅲ.①吴哥王朝(802—1431) - 历史 Ⅳ.①K335.3

中国国家版本馆 CIP 数据核字（2024）第 082708 号

ANGKOR OCHO KOBOSHI by Ishizawa Yoshiaki
Copyright © 2021 Ishizawa Yoshiaki
All rights reserved.
Original Japanese edition published by NHK Publishing, Inc.
This Simplified Chinese language edition published by arrangement with
NHK Publishing, Inc., Tokyo in care of Tuttle-Mori Agency, Inc., Tokyo
through Pace Agency Ltd., Jiangsu Province.
Simplified Chinese edition copyright © 2024 by Yilin Press, Ltd
All rights reserved.

著作权合同登记号　图字：10-2022-73 号

吴哥王朝兴亡史　[日本] 石泽良昭／著　瞿　亮／译

责任编辑　王　蕾
特约编辑　茅心雨
装帧设计　韦　枫
校　　对　施雨嘉
责任印制　董　虎

原文出版　株式会社NHK出版，2021
出版发行　译林出版社
地　　址　南京市湖南路 1 号 A 楼
邮　　箱　yilin@yilin.com
网　　址　www.yilin.com
市场热线　025-86633278
排　　版　南京展望文化发展有限公司
印　　刷　南京爱德印刷有限公司
开　　本　880 毫米 × 1240 毫米　1/32
印　　张　8.625
插　　页　6
版　　次　2024 年 7 月第 1 版
印　　次　2024 年 7 月第 1 次印刷
书　　号　ISBN 978-7-5753-0126-8
定　　价　69.00 元

版权所有 · 侵权必究

译林版图书若有印装错误可向出版社调换。质量热线：025-83658616

多文明互鉴视角下的吴哥世界

毕世鸿 云南大学国际关系研究院

进入20世纪20年代,在多极化和全球化进程加速的大环境下,因为全球疫情席卷、地区局势升温,国际局势再次发生了重大变化。尽管依然处于"一超多强"格局下,但欧洲的影响力逐渐削弱,亚太地区经济、文化的发展日趋瞩目。因此,而今的世界文明史书写不再只是围绕"西方中心论"展开,包括伊格尔斯、卜正民、王晴佳在内的学者们呼吁在凸显融合与共性的同时,强调发现过去被"西方中心论"覆盖的各文明的个性。而我国学术界也在"一带一路"倡议、建设人类文明共同体的构想思路下,进一步关注和探索多文明互鉴下的全球历史进程。

自古以来,东南亚地区与我国就有着密切友好的往来关系,我所在的云南大学也致力于从历史研究这一角度出发,寻求东南亚国家与我国进一步展开各领域积极合作的路径。2012年我邀请海外东南亚研究专家孙来臣教授担任商务印书馆"海外东南亚研究译丛"主编,并得到国内外东南亚同行支持,推进《安南史研究Ⅰ》的翻译出版。当时,同在南开大学就读的瞿亮博士的毕业论文恰好涉及江户时代日本的海外史地，因而他也对山本达郎先生的《安南史研究Ⅰ》产生了浓厚兴趣。但因山本达郎该著规模大、内容多、考据细致，属于日本东洋史的经典著述之一，加之瞿亮初次涉及其熟知的日本史研究领域之外的学术译著，起初我也有些惴惴不安，所以我让他试译该著的元代中越关系史部分。瞿亮按照我所提出的先整理人名、地名，再梳理做好翻译笔记的方案，随时跟进并完成了《安南史研究Ⅰ》的部分翻译工作。他自己也从日本史研究领域，逐渐扩展到日本的东南亚研究这个新分支。

2014年，出版方"理想国"邀请我推荐"讲谈社·兴亡的世界史"译丛中《东南亚：多文明世界的发现》一卷的翻译人选，我随后就和瞿亮联系，让他进一步跟进而今日本的东南亚研究前沿，他听后十分兴奋，欣然同意。与山本达郎基于中越文献考证的研究不同，作为新一代日本东南亚研究学者，上智大学的石泽良昭教授更关注碑文、造像、艺术和社会生活，以吴哥文明为中心，探索自然与人和谐共生的东南亚文明。由于著中的大量地名、人名和寺庙名很难找到合适的参考译名，相比中越关系史，吴哥研究对瞿亮而言更为陌生，难度更大。不过他凭借热情和勤奋，经过磨合与探索，完成了既定目标，该书系于2019年顺利付梓，并在中国世界史学界引起了一定程度的反响。《东南亚：多文明世界的发现》也因为关注到"一带一路"倡议相关的重要区域，在2022年被列入习近平总书记的阅读书架。可能是受到译介两部东南亚研究著作的影响，近年来，瞿亮也将自己的学术研究领域从单一的国别史，扩展到跨国、跨区域方向上。2021年瞿亮在《世界历史》杂志上发表《砂糖产业与近代日本的南方扩张》，把研究视野放到了东南亚区域，促进了个人学术生涯的成长。2022年春，译林出版社邀请我推荐《吴哥王朝兴亡史》的翻译人选，我第一时间就联系了瞿亮，他也很爽快地应允，开始进一步学习、译介日本的东南亚史研究。

与本尼迪克特·安德森、D.G.E.霍尔、米尔顿·奥斯本、林恩·霍伦、马丁·弗·黑尔兹等欧美学者从近代的角度研究东南亚史，聚焦殖民主义、民族主义、国家认同和独立运动不同；以石泽良昭为代表的日本第四代东南亚研究学者更关注的是欧美势力未进入东南亚之前，以吴哥为首的文明是如何自我发展、自我成长与兴亡的。著者石泽良昭1961年毕业于上智大学法语学科，随后选择东南亚史作为研究方向，主要学习柬埔寨吴哥时代的碑刻学，而后还赴巴黎高等研究实践学院钻研古高棉语碑刻。在大学时代的法国恩师保罗·利奇的介绍下，他结识了吴哥遗迹研究第一人，即撰写知名的《吴哥水利都市论》的格罗利尔教授，受其启发开启赴柬埔寨调查研究的学术生涯。石泽良昭见证了日本与柬埔寨之间的遗迹保护活动、研究活动被终止的历史时期，他为柬埔寨文化惨遭破坏而深感惋惜。1980年，他作为西方遗迹保护专家前往内战中的柬埔寨，向世界宣传吴哥遗迹的荒废状况。1989年5月，石泽良昭又作为第一届联合国教科文组织调查团团长，向联合国、柬埔寨政府和日本政府提交遗迹调查报告书。1991年，他所在的上智大学吴哥遗迹国际调查团参与了吴哥窟西参拜道路和斑黛喀蒂遗迹修复工程。2001年，他带领调查团赴柬埔寨32次，并致力于培养吴哥遗迹研究和整理专家，促成上智大学与金边艺术大学联合合作，常年派遣日本学生赴柬埔寨当地研修，也在上智大学接收柬埔寨留学生。由于遗迹调查和恢复工作取得了显著成就，推进了日本与柬埔寨文化、艺术和人员交流，20世纪90年代，石泽良昭获得了西哈努克亲王所授的奖杯和勋章。

石泽良昭的吴哥研究并非仅停留在文献和著述方面，还积累了大量实地遗迹探查经验和现场作业的成果，而且，其吴哥研究取得瞩目成绩的背后是日本政府和学界的大力支持。战后日本经济高速成长，为获得亚洲广阔的扩展市场，产学研各界都将亚洲发展合作的重心放在了东南亚。20世纪70年代"福田主义"出台后，与东南亚地区的文化交流也成为日本扩大其软实力影响、增强日本在亚洲和世界话语权的手段。从这个角度来说，石泽良昭的研究不仅延续了日本东洋学研究实证细致的考察功底，还是战后日本向东南亚渗透其影响力战略的一部分。

与《东南亚：多文明世界的发现》一样，《吴哥王朝兴亡史》是石泽整理40多年间在现场调查、恢复和发掘的资料，并结合格罗利尔等学者先行研究的成果而撰写的。不过，相比于涵盖多个东南亚国家历史的《东南亚：多文明世界的发现》，本书更聚焦于其更为擅长的吴哥王朝史，由于时间跨度小且焦点集中，加之原书出版于2021年，因而更能凸显其吴哥研究的专业性和前沿性。

与书名一致，本书围绕"王朝兴亡"展开，按照吴哥王朝历代国王的先后顺序，阐述分析各王执政时期的统治手段、宗教信仰、国家治理和社会生活。由于石泽本人具有深厚的碑文解读功底，在分析各王即位、仪式、内部斗争和对外征伐时，他都尽量倚仗碑文等一手资料,并结合寺院建筑、浮雕刻绘、贮水池和疗养院遗迹等,以空间诠释时间。

全书按照吴哥王朝历代国王执政的先后顺序安排结构,使读者能够清晰地看出吴哥历史的发展脉络和每一代国王在任时期的政治、经济状况和社会风貌,也能看到每任国王所做的诸如建设都城、兴修寺庙、筑造巴莱和迁都改建等工程。在围绕王朝史展开叙述的同时,石泽也通过分析浮雕刻绘,还原出更为丰富的民众生活。本书将洞里萨渔民们捕鱼捉虾、厨师们生火做饭、将领领兵厮杀的种种场景描绘得栩栩如生,又结合美术史与宗教故事,将娜迦上坐佛、"搅拌乳海"和高棉的本土信仰娓娓道来。难能可贵的是,石泽还运用了遗迹复原、现场勘察和修复固建事业中的许多实际信息,对越田灌溉、石材搬运、发掘被掩埋佛像等具体工程进行了技术性分析。石泽良昭通过对比新旧考古证据、碑文、元代周达观留下的记录与过去法国学者的研究,不仅不受限于西方中心史观,还超越了一般国别史和民族国家叙事史的框架。他认为,尽管吴哥王朝采用了印度教和佛教等外来宗教和文化,但其独特的自然风土和当地居民乐观随性的精神造就的"密林须弥山",是具有高度能动性的高棉文明。高棉本地的精灵崇拜与印度教、佛教的结合,不仅建构出"神即是王"的统治秩序,也将王国、宗教、自然和生活相得益彰地融合了起来。在佛塔、寺庙、巴莱、雕像周边,就是农田、渔船和家畜活动地,郁郁葱葱的森林包围在充满信仰感和神秘感的遗址周围,体现出自吴哥时代以来将自然和生活融为一体的宇宙观。故作者认为,吴哥窟既是过去笃信神明的人们的圣地,也是而今渴望洗涤杂念、接近自然的参拜者们的到访之所。

  实际上，古吴哥文明向人们展示了自然环境与神明信仰在密林中完美结合的魅力，人们穿梭于森林、佛塔、雕像、参拜道路之间，仿佛置身于工业文明之外的净土。本书也极力向人们呈现出一个抛开过往偏见后真实的吴哥，带领读者越过丰饶物资的迷惑，回到那个充满虔信的本初世界。吴哥遗迹将王朝易主但文明长存的这种难以言喻的精神特质传递到了每一个人的心里，在如今的世界中发挥着不可替代的作用。期待通过这本书，能够稍许点燃中国人探究东南亚文明的热情，也期待越来越多的国人在经历短暂阴云后，能够亲赴柬埔寨等东南亚国家与地区，感受那历经沧桑、洗净铅华又充满信仰力量的文明遗迹。

2024 年 3 月 22 日

目 录

001 前　言
004 吴哥王朝遗址分布图
005 吴哥王朝遗迹与王道地图
007 吴哥王朝时期寺院遗迹一览表

1　　第一章　吴哥遗迹是什么：臣服于强大的建寺力量
19　 第二章　收整群雄割据局面的年轻国王：前吴哥时代末期至阇耶跋摩三世
49　 第三章　营造吴哥王朝的炯眼之王
59　 第四章　最早的大都城耶输陀罗补罗
75　 第五章　推进吴哥再迁都的国王
97　 第六章　最初的建寺王：宣誓忠诚的监察官们
120　第七章　苏利耶跋摩二世的巨大野心
148　第八章　伟大的建寺之王阇耶跋摩七世
174　第九章　浮雕所描绘的吴哥都城的众人们

186　第十章　条条大路通吴哥：人与物流动的"王道"
208　第十一章　世纪大发现：280 座佛像的发掘重写历史
225　终　章

230　柬埔寨古代·中世历史年表
236　参考文献
243　译后记

前　言

越过吴哥窟外大型环状护城河进入其内，五座大尖塔便清晰映入眼帘。沿着参拜的道路前行到达台地前，大尖塔又从视线中消失，而攀登台阶时它们又再现于眼前——这里使用了小的障眼法。从十字形台地前继续前行，横跨过第一回廊，便到达圣剑寺（千尊佛回廊）。之所以称其为千尊佛回廊，是因为附近的村民们在此供奉了大量而后兴起的上座部佛教佛像，祈求每日的安宁太平。

吴哥窟可谓是"浮雕的大剧场"。凡是有墙壁之处，从墙基至佛堂正殿上部，都刻有精细且毫无空隙的浮雕。光石柱基底部分的女神蒂娃妲（Devata）就有约1 300座，各入口博风板*上也有雕刻，这些浮雕颂扬着众神的荣光，述说着众神的事迹，"搅拌乳海"、"神猿战斗"以及"克里希纳的生涯"等各类话题也被塑造为通俗易懂的图像群，体现在浮雕内容中。而当时的

---

*　博风板，又称博缝板、封山板，宋朝时称搏风板，日本称为破风。常见于中国古代的歇山式建筑和悬山式建筑。这些建筑的屋顶两端伸出山墙之外，为了防风雪，将木条钉在檩条端部，这就是博风板。——本书脚注为译者所加

识字率却接近于零。

如果沐浴在夕阳之下，西侧回廊墙面上的浮雕就仿佛跃然于壁面。而穿过格子窗进入回廊内，朝阳或夕阳透过格子点点漏洒下来，就起到了仿佛剧场照明的光线效果。来访者若能利用这般自然的西照光线效果在这个大舞台上观赏到吴哥式雕像群，定会感到心满意足。

连通圣剑寺回廊、中央祠堂及角隅塔的回廊里则供奉着作为高官、地方官吏、村落长老笃信证据的大量神像、佛像。回廊前端置有供物台，人们时常在此处献花、献香。为了家里的病人能早日痊愈，这些雕像的头发上都被前来祈祷的村民插上了花和香烛。村民们相信在这充满庄严氛围的寺院内进行的祭祀和祈祷都会特别灵验，而今依然崇信的参诣者们还在这里进行着日常的参拜活动。

在吴哥窟内，来访者能够深深沉浸于当时人们生活的喜悦之中——只要深呼吸就能感觉到。驻足于吴哥窟本殿前，哪怕只在此留驻瞬间，也能领略到吴哥境内大量宗教性空间所体现出的想象中的极乐净土世界，通过佛堂正殿的装饰、壁龛上的女神蒂娃妲以及回廊的浮雕等，都能感受到往昔人们的信仰之虔诚。

浮雕上的内容传达了当时的重大事件，它们作为历史的重要信息被大量刻画出来。而吴哥窟也同样祭祀这块大地上的守护精灵。当时，一味地受信仰激励的人们为了来世不停挥洒现世的血汗，其结晶的一部分便是这宏伟的大型寺院本身。这些浮雕，反复刻画了当时人们的生活样态、地狱和极乐净土。

层层密林中埋藏的石造伽蓝和居住遗迹相继被发现。若对它们石壁上雕刻的古高棉语进行解读，并结合考古挖掘和调查研究的结果便可明确得知：自称为"自神而王"的26名国王活跃了约600年，他们率领着王族和事务性高官推行着柬埔寨版的寡头政治。

进一步对蜿蜒于密林中的"王道"进行调查，会发现它们连接着吴哥周边作为副都城的五大地方都市。它们还连通越南、泰国、缅甸的陆路和中小河流，而借由贸易，这些"王道"还通往中国。自前吴哥时代（2世纪—8世纪）起，西方世界、印度就与该地有所往来，在当时扶南的港口袄盖还发现了罗马帝国的钱币。各地还有国王所设置的121所"明灯之家"，这些应该就是当时为方便出差而修建的驿站。吴哥还开设了102处将药石等药材配给给村民的诊疗院一类的诊所。据碑文考察可以明确得知，该地具有胡麻、胡椒、白檀、槟榔和大量野生漆液等，这些森林物产通过中小型河流汇集至此。位处印度后院的东南亚，已经开始出现满足自用需求的"香料之路"。

以而后登上历史舞台的吴哥王朝来再度考察东南亚的帝国，会发现26代国王治下长600余年的吴哥王朝兴亡史以一种完全不同的方式，呈现在世界史的舞台中。

本书在日本放送协会（NHK）出版的《吴哥·国王们的物语：从碑文·发掘成果来解读》（2005年）的基础上，用最新的碑文和建筑学、美术图像学的研究成果等新史料对先前所述的发掘成果进行了全新解读，并增补了遗迹保存修复过程中新发现的传统技法。

吴哥王朝遗址分布图

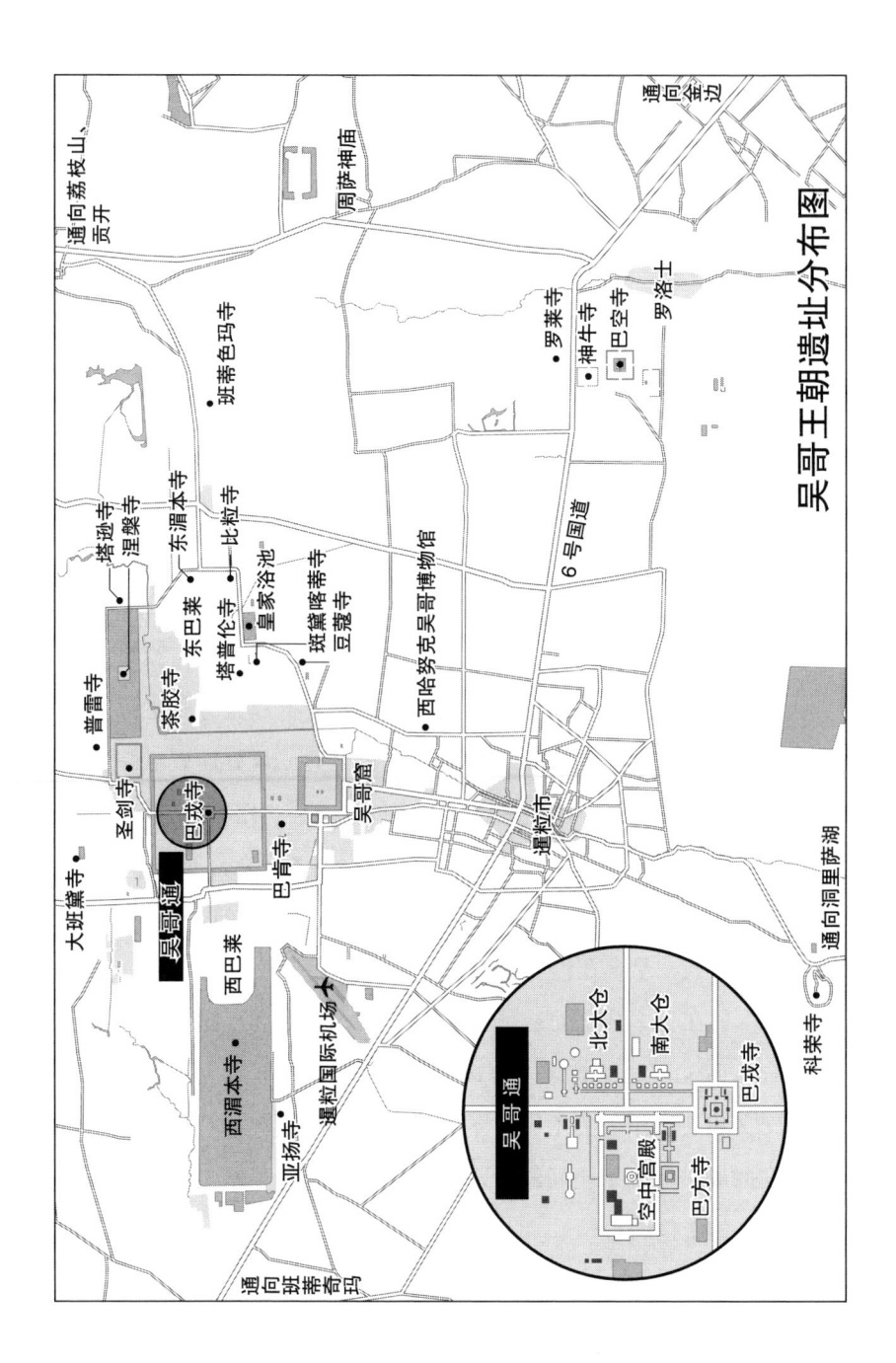

吴哥王朝遗迹与王道地图

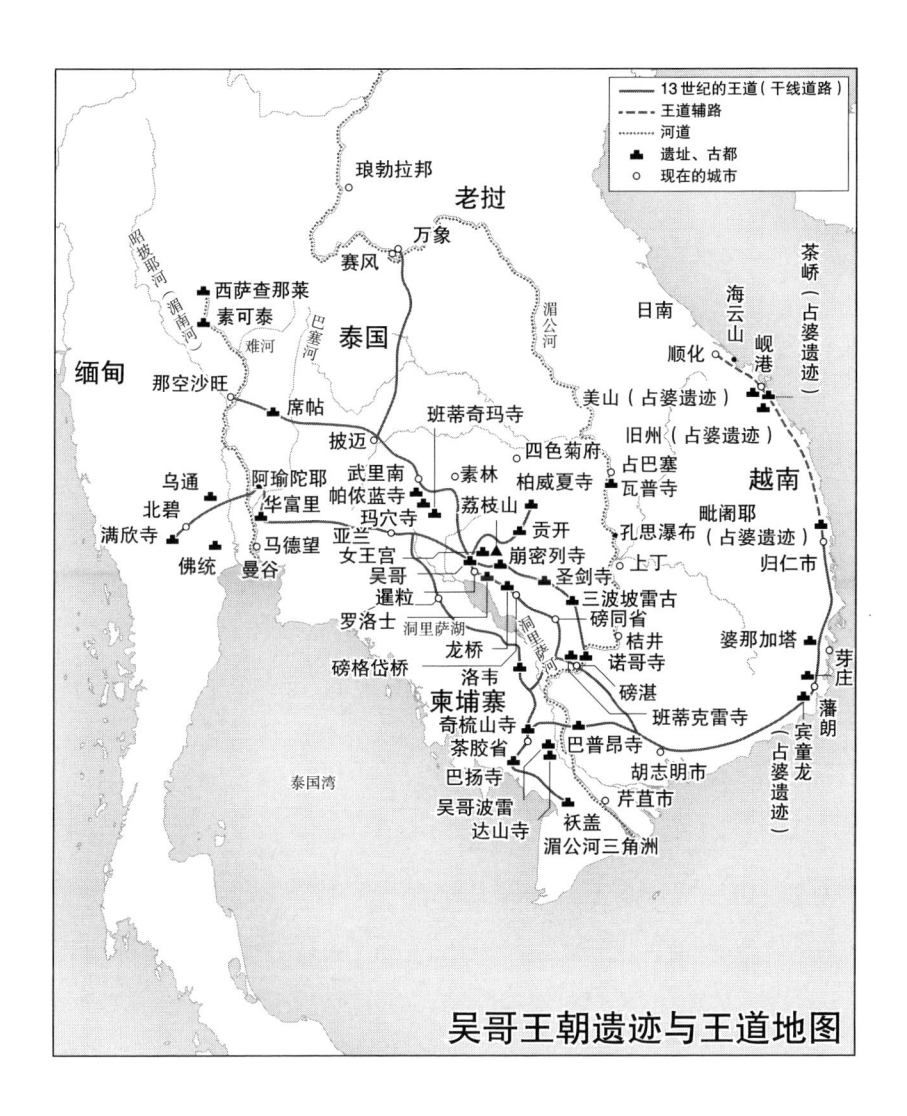

吴哥王朝时期寺院遗迹一览表

	统治国王	统治年份	相关寺院遗迹	事　迹
1	阇耶跋摩二世	802—834年	龙镇寺	振兴吴哥王朝
2	阇耶跋摩三世	834—877年	瑞孟提寺	
3	因陀罗跋摩一世	877—889年	神牛寺、巴孔寺（或称巴空寺）	以诃里诃罗洛耶为都城，在罗洛士遗迹开始兴建贮水池因陀罗塔塔卡
4	耶输跋摩一世	889—910年	罗莱寺、巴肯寺、塔普伦寺、博克山神庙	东巴莱竣工（890），兴建耶输陀罗补罗城
5	曷利沙跋摩一世	910—922年	豆蔻寺	
6	因陀罗跋摩二世	922—928年	巴云寺（又称巴色占空寺）	
7	阇耶跋摩四世	928—941年	贡开寺、贡开金字塔、大庙库拉哈姆寺	迁都贡开，兴建巴莱贮水池
8	曷利沙跋摩二世	941—944年		
9	罗贞陀罗跋摩	944—968年	修复巴云寺，着手建造东湄本寺、比粒寺、巴钦寺、女王宫	迁都耶输陀罗补罗，统一全国

续 表

	统治国王	统治年份	相关寺院遗迹	事　迹
10	阇耶跋摩五世	968—1000年	着手兴建茶胶寺、空中宫殿，完成建造女王宫	
11	乌达雅地耶跋摩一世	1000—1002年		开始着手兴建西巴莱工程
12	阇耶毗罗跋摩一世	1002—1010年	继续建设茶胶寺	
13	苏利耶跋摩一世	1010—1050年	新王宫、新空中宫殿、巴普昂寺、北圣剑寺、瓦普寺、周穗韦伯寺	西巴莱竣工
14	乌达雅地耶跋摩二世	1050—1066年	完成建造南圣剑寺、西湄本寺、巴普昂寺	
15	哈萨跋摩三世	1066—1080年		
16	阇耶跋摩六世	1080—1107年	披迈寺、瓦普寺、柏威厦寺、三杜寺	
17	烂因陀罗跋摩一世	1107—1113年	崩密列寺	
18	苏利耶跋摩二世	1113—1150年	崩密列寺、吴哥窟、班蒂色玛寺	
19	耶输跋摩二世	1150—1165年		

续　表

	统治国王	统治年份	相关寺院遗迹	事　迹
20	萃呼番纳地亚迪跋摩	1165—1177年		
21	阇耶跋摩七世	1181—1218年	圣剑寺、巴戎寺、塔普伦寺、斑黛喀蒂寺、班蒂奇玛寺、塔逊寺	整备夯土道路，建设石桥，建设疗养院、明灯之家，吴哥王朝支配占婆
22	因陀罗跋摩二世	1218—1243年		完成吴哥通（？）
23	阇耶跋摩八世	1243—1295年		1240年素可泰王朝成立，1250年吴哥地区暴发大洪水
24	室因陀罗跋摩	1295—1307年		上座部佛教传入吴哥，1296年周达观随同元朝使节造访吴哥王朝
25	室因陀罗阇耶跋摩	1307—1327年		出现了吴哥地区最早的巴利语碑文，1351年前阿瑜陀耶王朝成立
26	阇耶跋摩拜里迷苏剌王	1327—1353年？		暹罗军首次攻陷吴哥都城，吴哥最后一任国王出现在碑文中

第一章
吴哥遗迹是什么：臣服于强大的建寺力量

吴哥窟并非一日建成

1860年，法国博物学者亨利·穆奥实际调查石造的大寺院吴哥窟，认识到这是高度发达的文明国家留存的遗址，故重新向世界介绍存在诸多谜团的吴哥遗迹。其中的建筑都是当时涂有金箔金泥的黄金寺院，江户时代初期的日本人以为这就是印度曾经的"祇园精舍"，还到此参诣。该伽蓝的中央祠堂高65米，相当于8层楼高的现代建筑物，其建筑技术是吴哥自身开发的"叠涩拱技法"。该技法尽管存在着限制圆顶内部空间的缺陷，但当时的建筑家们已经挑战了那时的极限；现在从内部看来，石造堆积直至65米的拱顶，仿佛直插天际。

当我们缅怀吴哥窟时，首先需要考察建造出它的时代到底如何。吴哥地区是一片广大的扇状平原，其中广布被耕种的水田和旱地，熟透的稻谷坠得稻穗都垂下了头。吴哥国王行幸之际，也会从水田边通过。村落官员为了开凿出水路堰堤的排水口，大声指挥着工事。大土地所有者环顾四周都能见到自己的田地。而广袤田野的对面，则是建造下一座大寺院的工地现场。建寺作业在喧嚣嘈杂中推进，从事工事的人员可达成千上万人，其中大部分都是石匠、石材搬运工、建造工、雕工、画师、涂料师、研磨师。现场作业的人们向神佛祈愿救济，将这作为功德和笃信行为，现在吴哥窟中的座座遗迹作为他们当时工作的结晶而被逐次建造。

邻近这些祠堂和大寺院的各个村落，时刻都有许多人感受到收获的喜悦。有的家庭也为家人死去而哀伤，在追悼时家人们回忆起死者生前恋爱、结婚、一家团聚时的情形，想到父母、伴侣和友人都会步入老年，最终会与荼毗之烟一道逝去，并进入天上的极乐净土。于是，这些村民们形成了笃信的信念，在村内建造起豪华的寺院，这些寺院最终成为留存至今的遗迹。它们仿佛在教导我们，超越个人生命的是时间，它在不断地流动，不舍昼夜。

吴哥王朝的发祥地

吴哥王朝最初的小都城，于802年建于好似喜马拉雅山深处的荔枝山（高约471米）的密林中。都城内建有小型寺院，开启了以提婆罗阇（神王）为中心的政治时代。自此之后历经约600年，吴哥地区逐渐建设起了大型都城以及造法精妙的大王宫、大寺院和祠堂等。

吴哥王朝最初建设小型都城的场地，被称为龙镇（Krus Aram Rang Chen），这里现在依然留存了数座小型遗迹。该处场地狭小，尽管具有让人联想到喜马拉雅山深处的氛围，但有许多蚊子和毒虫，并不宜居。不过，由于受自称婆罗门的国师们的劝导，该地一直执行着神王祭祀，故成为吴哥王朝的发祥地。

新继位的国王就是神王。为了证明国王与神明的联系，吴哥王朝以柬埔寨版的宇宙观为基础，造就出神明在场的大都城、镇护国家的大寺院和模拟神明世界、色彩绚烂的大王宫这种"三建筑组合"，让附近的有实力者和小王们都深感有赴该地见证的必要。宗务高官们围绕着神王信仰与笃信神佛展开说辞，向世人说明吴哥的三建筑组合是为了实现来世的救济。然而，吴哥王朝26名国王中，真正建造出新的三建筑组合的仅有6名。这6名是自802年至14世纪中叶的吴哥王朝的统治者，他们统治的世代与日本历史对应起来的话，相当于平安时代至镰仓时代。

吴哥与罗马文明一样，并非一日建成。在王朝核心面积约300平方千米（东西相当于东京的涩谷区至江户川区，南北相当于台东区至港区）的区域内，自9世纪至14世纪约600年的时间里，陆续建成大都城、镇护国家的大寺院和木造的大王宫。而它们都是基于柬埔寨版的"须弥山思想"创造出来的。吴哥辉煌文明的实物证据就是现在的遗迹群。与此同时，附近的密林中还铺设了"王道"，农户们驾着装载了稻谷的二头并进式的牛车往来其上。距离吴哥都城80千米至150千米以外的地方，还有作为吴哥副中心的五大地方性都市，它们立于帝国要塞，作为政治、经济的地方据点发挥着作用。从这些地方再往西380千米，就到达了湄南河口的华富里，而在吴哥都城至华富里的途中，沿着湄南河溯流而上，位于其北方720千米的地区则建有素可泰都城的据点，起到了巩固王朝地盘的作用。

三建筑组合与人力资源

"吴哥"一词是表示"都市、都城"意义的梵语"nagara"高棉语化的名称。为了证明吴哥王朝的26名国王都是"神王"，吴哥陆续营造出前文述及的三建筑组合。由于国王并没有永续其身份的保障，加之激烈的王位争夺战，旧都被破坏，王宫遭烧毁，寺院受波及，奉纳的金品被掠夺。基于此，就更有必要树立国王的权威。无论哪位国王，为建造出新的三建筑组合，至少都会耗费20年至30年以上的岁月。而为了造出这些建筑，需从柬埔寨全境召集建寺匠工及其家族，并劝说他们相信，建寺乃是为来世积攒功德的供奉活动。因人手不足，还召集了邻近的暹罗人、孟族人、占族人及山岳少数民族前来助力。随着建筑规模不断扩大，建寺工程虽历经国王更替，仍代代传续。而建造寺院所需的建材（砂岩、红土、河砂、修建堤岸所需的土砂、挖掘环壕所需的土砂等）都是从邻近地区得来的。

为了供养如此大量的劳动力并令造寺工程持续推进，必须要保证建造者们每日的食粮。而这也是当时一个巨大的课题。承担营造工程的工匠们，当时领取的是国王仓库里放出的米粮和倚靠旱季"巴莱"（贮水池）越田灌溉栽培出来的糙米。三建筑组合这种特殊工程，也是在宗务高官的指挥下开展实施的［引自1052年Sdok Kok Thom碑文（K235）概略，BEFEO，T43（1943），pp.56—154］。

工匠们在建设现场附近造出简易窝棚以供居住。他们居住地附近的树林由于吸收了当时有机生活垃圾的养分，明显可被判别出相比其他的树林更为密集繁茂。根据森林学专家的分析，树林密集的场所几乎都位于寺院附近。当时，柬埔寨国内高棉村落的人们在雨季耕种自己的田地，到旱季则赴建设寺院的工地助力。这对他们而言是善行，是积累功德之举。然而，仅仅倚靠旱季村民们的帮忙无论如何是无法完成三建筑组合的。故还有暹罗人借用舟楫到达工地附近，在此定居10年甚至20年，他们也在工地现场搬运石材。

了解王朝历史的史料

当时的活动是用印度传来的棕榈叶制成的"贝叶"书写记录下来的。这种"贝叶"是植物树叶，故不能长久保存，会由于风化干燥变成粉末而消失。而后出现了雕刻在石材上的碑文史料，它们都刻在厚重的石板、石柱或是侧壁、门柱上。这些碑文石材高1至3米，横宽0.5至1米，被建造在寺院或祠堂前，发挥着提示人们向寺院捐献或奉纳的告示牌的作用。

碑文上的艺术花样刻字由印度南部帕拉瓦王朝（4—9世纪）的婆罗米系文字演变而来，柬

图1 被用作贝叶原料的红棕榈叶

埔寨碑文上所刻的文字，囊括了古高棉语、梵语、巴利语、近世高棉语、孟族语等。1970年登录在册的105座石碑的碑文中，将近半数为古高棉语，其次是梵语碑文和梵文、古高棉语共记的碑文。其中，原本属长文的都出自比粒寺本文（K.806），达298节段（这里的碑文开头都用指代高棉的英文字母K来表示）。大部分的碑文都雕刻于吴哥王朝兴盛的9世纪至12世纪。柬埔寨语从语言系统来看属于孟族·高棉族系，是东南亚最为古老的语言之一。

梵语碑文的内容主要是向神佛祈愿的祈求文，也书写了国王和高贵家族的谱系和德业，文末还固定地绑定了一些咒语，从各方面来看宗教色彩都很强。

古高棉语碑文则载有国王命令、捐献财物的目录、被称为"库里姆阶层"的人群的清单（具有服侍寺男、寺女者或奴隶等多重意义）、土地的边界、田地的交换买卖、表明共有或占有权利的告示、法律的判决等，主要书写的是日常生活。然而，大部分碑文记载的内容并没有前后背景说明，都属于个别的片段性内容，谈及当时社会的记述占比很小。基本上所有的碑文都谈到宗教、布施和有关王权的内容，反映出以国王为尊的大臣、事务高官及这一类人群对整个吴哥的政治统治。

"王"成为"神"

根据传达了王朝创建信息的碑文记载（K235，1052），770年，一位青年王子（即而后第一代吴哥国王阇耶跋摩二世）从爪哇归国，他转战各地，从柬埔寨南部一直征伐至西北部，征讨地方的村落和集群。到802年，他在摩亨得拉帕尔瓦他（现在的荔枝山区域内）的龙镇祭祀场举行了"转轮圣王（依正义而治国的理想国王）"即位仪式。主持该仪式的，是被称为婆罗门的特别祭司（亦称国师）。

国王被这些祭祀执行者赋予了"超人性的人格"，以与他的位阶相匹配，获得了谥号称呼。国王还将高棉大地上依旧存续的本土精灵放入对他的崇拜中，声称自己为"守护精灵的王中之王"，也是借印度教附着在本土的守护神。本土的精灵信仰被印度教所覆盖，增加了他的神秘性。碑文（K.235）记载了阇耶跋摩二世为吴哥王朝的创始者，也谈到他是精力充沛、征讨各地的王。关于阇耶跋摩二世在第二章中还会具体阐述。

怎样的人物能成为国王

吴哥王朝的历史中，并没有出现崇高王国庄严肃穆的延续体制，而是由具有实力的地方王侯相继自我称王并即位。正因为如此，国王即位后拼死捍卫其王座，不时还会有殒命的危险。称王的地方土侯们，经过激烈的王位继承战而取得王位。如此一来，在国王统治的范围内，在王位争夺战中败阵的反对势力，依然会不断发起叛乱。

那么，到底是怎样的人物才能实际上成为吴哥王朝的国主呢？主张王位继承的候补者往往都是带领了一批部下的大将，在支援者们的围绕托举下，候补者可以以王的身份即位。要想成为国王的候补者，首先要击败国内及邻近的敌对者，且必须通过流放或者纳为人质的方式将反对者置于自己的统治之下。国王即位之后，与前任国王抑或先王的妻子、女儿、姐妹缔结形式上的婚姻，由此令王位继承权正当化，在崇高的国王系谱中确立自己的位置。王即位后立刻就用谥号来称呼自己，谥号意味着拥有"通往来世的神格"。依据如此立场而得到拥护的国王，摇身一变成为整个王国卓越的保护者。

国王的即位须进行诸多祭祀仪礼，理论上形成了诸神令国王即位的形式。这些祭祀仪礼带有赋予国王"转轮圣王"抑或"宇宙之王"权限的意义。在古代柬埔寨，鼓吹诸王具有"神格化"的人，是将国王纳入宗教事务中的祭司国师和执行祭祀仪式的官僚（他们都出自世袭的祭祀礼仪官家谱系，这一点后文将进行详述），他们宣扬自己拥有婆罗门的血脉。他们向国王及其一族诠释印度教的上层由来，令国王在皈依的同时，发挥着使国王自身通过祭祀仪式升华为现世人间神的作用。

吴哥王朝在王位传承接续的过程中，也曾多次出现内部分裂和断绝。由于国王在实力和权谋术数上的逊色，数个世纪以来继承王位的方法都十分近似。在这过程中，反而引发伴随着战斗的王位篡夺之争。既然如此，王朝又是如何存续下来的呢？除了让所有人都认同王制为必需之物，别无他法。

从轮回转生的思想中诞生的"吴哥美术"

在这里，需从吴哥遗迹的美术出发，谈及柬埔寨人的感性认知。约600年的时间里，柬埔寨人在吴哥地区持续不断地建造出

100所寺院（选入世界遗产的达99所），还向寺院供奉雕像、浮雕和绘画。遗迹中的装饰、雕刻，无论从哪个方面来看，都是蕴含了雕刻工匠和画师们自由奔放的联想和想象力的创作。自然与人融为一体的世界观、生生不息的万物不过是生死轮回的一种姿态，生命皆在流转，最终到达涅槃的境界——建立在柬埔寨民族如此感性基础上的诸作品，就形成了吴哥美术，而它的此般特点也获得了高度评价。

这种艺术表现形式以轮回思想（samsāra，即流动之意，象征众生在三界六道中往复生死）作为其根源。从吴哥遗迹的图案中，可以看到从植物到动物，以及与之相反的从动物到植物的变化。而在旋涡模样的图案中心，则能看到小鸟飞入或者变幻为蛇神娜迦的场景，这表达出雕刻工匠和画师们在持有笃信神佛的心境之前，没有忘却向神明询问人到底为何物。人们为了来世，只顾鼓励虔心成就血汗结晶的一部分，即如此宏大伟岸的大寺院。

女神雕像以女官为原型

而今依然还有许多观光客造访吴哥窟。述说往时吴哥光辉历史的碑文，现在已经不复存在，但回廊壁面雕刻的浮雕，则清晰地显示出建立这些寺院的伟大国王及其王权的故事。长达1.5千米的壁面浮雕传达了第18代国王苏利耶跋摩二世（1113—1150年在位）虔诚的心态。浮雕里为赞美该王而起舞的是神王（Devaraja）和天女们，这些浮雕体现了当时深刻的精神价值体系。尤其是吴哥窟的墙面和入口处装饰的那些女神们惹人喜爱的

图2　吴哥窟墙面上露出微笑的女神雕像

表情、豪华精美的发饰、柔软飘逸的肢体、持举花饰的手姿、鲜艳夺目的舞姿，无论从哪一方面来看都表现出跃动感，健康的双足跃动使得裙摆膨鼓起来，呈现出妖艳的容貌姿态。

1296年探访吴哥都城的周达观（元朝使节的通译）在他的见闻录《真腊风土记》中，记载了"凡人家有女美貌者，必招入内，其下供内中出入之役"。关于这些女子，还有"妇女多有莹白如玉者，盖以不见天日之光故也"的描述，指出当时"国主凡有五妻……其下妃嫔之属，闻有三五千，亦自分等级"。周达观进而记述"（国主）凡出时诸军马拥其前，旗帜鼓乐踵其后。宫女三五百，花布花髻，手执巨烛，自成一队，虽白日亦照烛，又有宫女皆执内中金银器皿及文饰之具……"。

而从雕刻女神的图像史来看，会发现它以相对立的思想性背景为基础，经历了两次顶峰。最初的顶峰是前吴哥时代（6—8世纪）拥有强烈自然主义倾向的雕刻（达山寺系雕像）；而后到建造巴戎寺的21代国王阇耶跋摩七世治下，迎来了第二次顶峰。这一时期描绘人物追求逼真，故雕像也脱去了衣装，伴随着微笑，反映出内在的精神生活，成为绝品。在巴黎的吉美东洋美术馆展出的高棉艺术珍品达100件，在这些完成度极高的神圣艺术品面前，即便是最爱评头论足的法国艺术评论家也只能默默赞叹。

阇耶跋摩七世的雕像

在刻画国王的雕像中，亦有高度体现吴哥艺术性的作品。其中，名望和价值皆为名品的阇耶跋摩七世雕像就展示于金边国立博物馆。身为佛师的雕刻工匠们到底是以怎样的心情制作出这位现世人间神的雕像的呢？雕刻工匠们大概吸取了从国王神圣的身体里迸发出的灵气，致使这座雕像具有高棉风格下沉稳安然的表情。这座雕像忠实地展示了国王五官的左右不均衡。从雕像头部结了小发髻的柔顺头发就可看出，此时的风格发生了变化。从雕像的姿态来看，这应该是刻画了国王在佛前虔诚敬仰抑或默

图 3　在大圣剑寺发现的阇耶跋摩七世坐像（现藏于金边国立博物馆）

默祈祷的样态。这座国王雕像能够让人们感受到它的优美、力量以及素朴，而且无论是谁都会承认，雕像刻画出了国王眉目秀丽的面庞。雕像的容姿逼真，仿佛在向而今的人们诉说着什么。

考察柬埔寨的原生文化

尽管隐匿于光辉的印度文物的外套之下，但柬埔寨的原生文化（基层文化），依旧体现出对往昔以来农耕诸神的敬爱，其中就包括崇拜镇守各村落精灵之一的水之精灵娜迦（蛇神）。蛇神娜迦被汉译为龙，指的是眼镜蛇，它拥有超自然的力量，是司雨云、管冰雹的神。印度北部马图拉地区的笈多艺术（4—6世纪）中也有着相同的娜迦雕塑，柬埔寨南部达山寺的美术样式中多少残留了笈多艺术的影响，但将其改编为柬埔寨版本。而且这可能也与印度教"搅拌乳海"神话中出现的大蛇婆苏吉有所联系。吴哥王朝所采用的"神王信仰"，就是把印度教中的神话因素植入到本土精灵守护信仰中的产物。到了雨季，以吴哥窟的大尖塔为背景，架起七色彩虹，相传该彩虹就起到了将蛇神娜迦从天上连接到地上的作用。

吴哥窟第一回廊东面，就有具体刻画搅拌乳海场面的浮雕。天神与阿修罗神为了获得不老不死之药"阿姆丽塔（甘露）"，令龟王库尔玛与蛇王婆苏吉缠斗在一起并搅拌乳海。此时，从海中出现了太阳、月亮、拉克希米（吉祥天）、宝珠，最后则涌出了阿姆丽塔。天神与阿修罗神相互争夺阿姆丽塔，最终阿姆丽塔落到天神手中。该浮雕以印度神话融入柬埔寨后的版本为创作脚本，将原本二神牵扯争夺的搅绳换作蛇的躯体，最终让原本的柬埔寨文化样态起到统合总领的作用。

印度教与佛教宗教美术的扩展

吴哥王朝的美术既是原本的宗教美术，同时又是融入神佛加护色彩的宏大都城内基础设施所展现出的美术。通过岁月的打磨，吴哥王朝将印度文明创造的印度教与佛教这两大崇高的宗教相融合，形成柬埔寨版本。它以柬埔寨的原生文化为蓝本，通过独特的方式融合、修正并得到人们的信仰。

柬埔寨版的印度教采用了其本国能够接受的印度教祭仪和基本的轮廓框架。传入柬埔寨的大乘佛教则留存了世自在王佛（具有四面佛尊容的观世音菩萨）、慈悲的菩提萨埵（多罗菩萨）等大量的佛造像。佛教向所有人都阐明解脱的可能性，上座部佛教通过造像向人们展示了佛陀传说和佛陀的容姿，以此向笃信者宣教。

笃信神佛的人们用佛教法师的形象代替肉眼无法见到的神佛，通过雕刻造出神佛雕像与浮雕图绘。也就是说，笃信者们通过委托最卓越的工匠进行造像来完成自己的功德。他们相信通过完成如此的神佛造像，可以获得功德与善行。而这些神佛造像，并没有遵循印度佛像原本固定的形式，而是与柬埔寨民族的造型相符合，因此才受到当地人的喜爱。虽然神佛是肉眼无法见到的存在，但雕刻出来的造像是具体的，它们填补了人们心中的缝隙，引导着人们的信仰。往昔时代的柬埔寨人，为什么会信仰神佛造像呢？这是因为他们将日常的诸多苦恼托付于造像，让其替代神佛实现他们的祈愿。

柬埔寨的取舍选择

在村民生活方面，受到日常性雨水的恩惠，农耕得以顺利进行，这给人们带来了富足的生活。从印度教的角度来看，柬埔寨的农业就是搅拌宇宙以寻求甘露（甘露指的是收获物）。碑文中还谈道，"巴莱（贮水池）"就是"如同大乳海一般带来喜悦的水池"，"通过它的臂腕（支流），乳海自行除去障碍之水，而成为甘露之湖"。

柬埔寨虽然接受了印度传来的神话、文艺、字符和梵语，但其中也体现出柬埔寨自身的选择取舍。这些印度传来的知识被重新涂抹上柬埔寨式的轮廓，加上本土独特的概念，其中大部分成为新造之物。就文字而言，柬埔寨文字虽然借用印度传来的字符、字母，但词汇却几乎都用固有的高棉语来表达。从其结果来看，所有印度化之前的柬埔寨本土文化是其由来之基，后续文化都在这个基础上展开立论。"神即是王"的崇拜和埋葬方法也能在柬埔寨原有文化中找到它们的祖型。

柬埔寨民族崇拜农耕诸神，并形成了崇拜水之精灵娜迦的信仰。柬埔寨自13世纪起接受了新兴的上座部佛教，各村落在日常生活中基于本土文化根基将传统的祭祀照搬执行下来。柬埔寨的本土文化，原本就是对水源和大地的崇拜。初期的"神即是王"信仰，也是借土地精灵之名而执行仪式，其背后蕴含了柬埔寨的建国传说：为了让自己的女儿蛇姬与人类结婚，父亲蛇王将水饮干而创造了大地。因此，娜迦就作为村民们的信仰对象，成为柬埔寨的水神。

由水利而发展出的集约农业

铸造出当时的吴哥王朝繁荣的社会，到底有着怎样的经济形态呢？毋庸置疑，当时立国的经济基础就是农业。尽管碑文中没有记载，根据法国研究者贝尔纳·菲利普·格罗利尔的《吴哥水利都市论》，古时的柬埔寨人利用了吴哥地方大型扇状平原的高低差进行经济活动，收获了旱季的第二期作物。"巴莱（贮水池）"建造在地势稍高的位置，淡水从此处经由水路流向田地用于耕作。这里收获的稻米，先是分给王宫任职的数千官吏和他们的家族，进一步再配给到后宫内服侍的数千女官、数万佣兵、下级官吏、使象人以及打杂帮忙的男女下等民，常年耗费人力参与建寺作业的建筑工匠们自然也包含在内。因此，柬埔寨得以营造出许多石造大型寺院，具体情况将在后文中详述。格罗利尔的《吴哥水利都市论》揭示了吴哥王朝繁荣经济背景这一大发现，而后又由上智大学通过5000：1比例的地图完整还原了当时的越田灌溉系统，证实了在如此集约的稻米生产农业的基础之上，建造大都市、大寺院和大王宫是可能的。

仓库长官和账本管理人

要验证吴哥王朝繁荣的样态，首先可以来看国王仓库中的收藏品。仓库中储存了砂金、贵金属、铸锭、黄油、砂糖、香料、樟脑、油、谷物、织物、蜜蜡、稻米、盐等，从储存实物可以判定这些都属于当时的课税商品。根据碑文，明州（中国宁波）所产的竹帘以及中国其他地区制造的蚊帐都在市场的店家手上流通。管理国王仓库的就是"仓库长"。当时的社会尚缺乏货币，执行的是征缴实物的税收政策。在税收方面，碑文中记载了"一般租税"、"实物租税"和"地租"等语句。为了满足国王设立的赋税，还出现了变卖土地、用土地来代替缴税的情况。王国内似乎还有进一步记录下土地所有、土地归属划界、收获等内容的"土地账本负责者"，碑文中称其为"账本管理人"。可以看到当时已经确立了私有制。

当时村民们也被动员向国王缴纳赋税，而这一任务到底是由怎样的负责人组织的，又是怎样进行营造寺院、开凿贮水池、开通干线道路和建造石桥等建设的，碑文对事件前后的情况并未作出说明。

对外政策与官僚

当时，吴哥王朝几乎将整个中南半岛纳入版图，实现了帝国空前的繁荣。吴哥王朝的对外政策理念是什么，它又是如何建立征讨广大地域的军事组织的呢？作为国王，其对外政策的基本理念是"转轮圣王"观念。国王行使武力令各地诸侯折服是其中一种手段，但针对叛乱者的惩罚并非全部处死。寺院回廊的壁面浮雕上都刻画了当时高棉军英勇地行军和威风凛凛地开展果断攻防战的场景，构成了主要场面。军队由步兵、骑兵、象军和辎重军四类军团构成。水军方面仅有水路领队和开道长官的相关记载，并无详细史料，但回廊的壁面上雕刻了临危不惧、英勇奋战的海军。

那么创造出吴哥时代辉煌的政治、社会诸制度及经济组织到底是怎样的呢？当时执掌"中央行政"的最高官职为曼陀林（大臣）。他们会处理行政事务，也会挑选王位继承者。作为宗务高官的国师则担任高级职务，在寺院内主持祭祀、即位仪式等，并负责王子们的教育。朝中还有王朝年代记录者、工匠长、持扇侍者、作为事务官的大量随从等第二等级的小官僚，还包括出入王宫和后宫的女官、侍女、杂役等数百人。

"地方行政"方面，从碑文可以判断，吴哥具有州行政级别的维嘉亚（州）、下一级行政单位苏鲁库（郡）和村基层行政单位普拉（村）。这些地方的最高责任者是拥有收税、土地收购、划分土地归属边界等一般行政性权限的州长官、法官和州一级法庭庭长，以及监察官。监察官的职责并未完全囊括郡长、官吏，还有地方有实力的长老和与宗教事务相关、有权有势的阿恰鲁。苏鲁库（郡）在生产生活领域，拥有米谷长、盐长、蜜蜡长等专门的官吏。

对高棉诸王而言，统御并掌控有实力的臣下是一大政治课题，他们也由此确保了国内的统一。维嘉亚（州）以及普拉曼（州规模领地）的"给予保有地"作为吴哥时代官僚政治下大部分官员的报酬，被分配给这些官员，这成为臣下从属制度的基础。

研究调查古代柬埔寨的政治理论，会发现其中包含了印度要素和高棉要素。高棉要素包含了税务关系的用语、官阶名、职位名,以及免除租税和同居夫妇无子女的死者遗产收归国家等方面的内容。吴哥时代的人们在接受印度文化制度的同时,以自身创造出的独特高棉要素为基础,发展了政治、社会、经济,并维护和推进建造举行"神即是王"祭典的大型寺院。

拥有居世界第四位的人口

1000年左右,吴哥王朝迎来了它的兴盛期,在这里我们试着将它的人口与当时的世界人口进行一番比较。根据"历史人口学"的假说,以一千年作为一个阶段,可以对当时世界的都市人口进行比较研究。虽然存在诸多说法,但相传继科尔多瓦(现位于西班牙)有约60万人,君士坦丁堡(现位于土耳其)有约50万人,北宋的开封(现位于中国河南)有约40万人之后,吴哥王朝的人口处于第四位,有约25万人。此时正处于柬埔寨持续建设巴肯寺的耶输跋摩一世时期(889—910年)。

而再过一百余年后,自12世纪初期至13世纪,吴哥王朝迎来了鼎盛期,人口持续增长;按照假说,可推定当时人口已经超过60万人,接近100万人。而支撑这一假说的根据,则是以下试算:若自1113年起吴哥窟的建设每天必须要有9 000到15 000名人手的话,那么当时吴哥的人口就有约50万—60万人。由此可见,吴哥地区自11世纪开始进一步飞跃式发展,到12世纪人口集中的程度已经是1000年左右的近3倍。

第二章

收整群雄割据局面的年轻国王：
前吴哥时代末期至阇耶跋摩三世

获得疟疾抗体的高棉民族

笔者曾阅读1958年出版的《柬埔寨的血红蛋白E》一书，并为此感到惊奇。其内容围绕柬埔寨人很早在体内形成了具有疟疾抗体的血红蛋白展开，而这一点已经是经过分子生物学领域研究证明的事实。

相传过去的高棉人群居于湄公河流域的河岸山区地段，后来其中的一部分人迁徙到河畔、水域旁，扩大了他们的生活场域，但附近大小河流和森林内的蚊虫、毒蛾、毒虫也蔓延过来。而且他们也被疟蚊所困恼，于是在中小河岸建立了分村，最终他们向南迁移到洞里萨湖的岸边。他们的迁徙轨迹可从贝冢遗迹中得到确认。高棉人到底是因何种理由迁徙尚无法得知，但可以判定的是，他们的身体内突然发生了变异，致使其血红蛋白中获得了疟疾抗体。由于身体的抵抗力增强，高棉人中终于有一部分人到达了大海。而大部分人则在湄公河三角洲地带、湄公河支流中小河流沿岸和洞里萨湖岸边持续地经营着生活。这部分高棉人在湄公河岸各地建立了小型据点，形成了地域内自我经营的场域。这些据点从时间上来看，大概始于公元前后。到1世纪、2世纪左右，似乎有最早的印度来航者到这里来求取南海的物产。

印度教与高棉人一样都相信自然万物有灵，由此形成了各种宗教礼仪，因此印度教没有任何违和感地融入了当地。与印度教一同由印度人带来的东西里，包含了稻谷，字母，王权的思考方式，艺术，耕犁等农具，二头并进式的牛车载具，大量生活用具，装饰身体用的珠宝，等等。尤其是印度人带来的长粒籼稻令高棉人十分欣喜。可以想象，高棉的人们热情地迎接美味的米饭和一同融入的印度教诸神，若稻谷收获量增加，就会崇拜和祭祀印度教中湿婆神的林伽（男性生殖器像），以此祈愿丰收。

高棉人的故地在何处

拥有疟疾抗体的高棉人，原本是从何处而来的呢？有说法称，柬埔寨人的故乡在现今泰国东北部的蒙河（湄公河支流）下游与湄公河中游的占巴塞地区，他们居住在河岸段丘陵地带，而这一说法也是很有力的。虽然该地处于内陆地区，但接近水源，还具备开垦方便农耕的块状田地的条件。堤坝阻挡了河水水流，并通过分水渠确保了水的充分利用。有说法称，而今的瓦普寺遗迹前依然留存了广阔的大贮水池遗迹。根据该地的碑文，5世纪时，国王持黎迤跋摩统治此地（K.958）。而在其附近还发现了范神成国王的碑文（K.365）。该碑文完全仿照《摩诃婆罗多》一节刻写并公之于众。也可以说，这里曾是印度婆罗门修行之所。

同一时间，柬埔寨南部的扶南王国通过袄盖港口展开活跃的贸易活动。越南南部海岸附近发现了武景碑，其上碑文证实了扶南国也受到印度文化影响。

与之相对，高棉人花费若干时间于占巴塞地区避开孔恩瀑布，到达湄公河左岸，经过而今的贡开地区，朝着洞里萨湖方向一直迁移发展到柬埔寨西北部的大平原处。他们进一步沿着湖岸前进，直到在南部地区与之前在那居住的扶南人相遇。扶南一词，由高棉语中意为小山或丘陵的"funan"一词汉化为中文而来。

高棉人自与扶南人接触开始，逐渐学习了诸多地区文化和情报。扶南人被《梁书》描述为"丑黑拳发"，即具有卷曲毛发的印度尼西亚系人种（山本达郎，1966年），汉文史料中还记载了扶南向中国朝贡。有说法称，扶南与高棉分属不同的人种，似乎还包括了南亚语系的人种。扶南国一直存续到629年。

从1961年农作现场来考察"历史"

关于柬埔寨历史的划分，简单理解的话可分为三个时期，它们分别是：802年之前的"前吴哥时代"；802—1431年的"吴哥时代"；1431—1960年吴哥王朝瓦解后的"后吴哥时代"——而这是法国研究者给出的时代划分。

与其他国家一样，辉煌的吴哥王朝并非是在短时间内兴起的。

从史料可知，前吴哥时代不仅至少存在12位王，而且还有无名的地方小王与诸侯。然而，能让我们认识前吴哥时代历史的相关线索性遗迹、碑文等资料太少了。这一时代的王宫、都城、寺院等都是小规模的木造建筑，加上遭遇雨季洪水的冲刷，给考古学调查带来很大难度。要检证它的历史，需要长时间地发掘作业。

印度籼稻的到来，为水分、光照充足和四季炎热的柬埔寨大地保证了粮食产量。在积蓄了上天所降雨水的水田里种稻，只需将稻子播撒下去即可（撒种）。

笔者在1961年的柬埔寨现场见证了这种耕田作业。水田的田间小路都漫上了水（溢水状态），人们用不产生杂草的方式种田。柬埔寨的农业耕作历经"耕犁—撒种—收割—牛蹄脱谷"阶段。稻米获得丰收，人口随之增长，新的村落逐次从原来的大型村庄中分离开来。然而，此时公共卫生方面存在问题，幼儿死亡率很高。受到上天恩惠的柬埔寨大地举目瞭望之处皆有广阔的水田，这里的时光舒适悠闲，人们虔信宗教，在这里经营着以寺院为中心的日常生活。

吴哥王朝能发展为强盛的大帝国，其原因之一是吴哥优越的地理条件。这里有暹粒河长期流淌而形成的广阔扇状平原，高棉人在地势稍高的地区建造巴莱（贮水池）并以此积蓄雨水，他们还利用稍微倾斜的地势造出水渠，在旱季时将蓄水放入田地，以收获该年第二期的作物。建立在这种水利工程下的集约农业带来人口的增长，也使建造大型寺院成为可能。原因之二是，荔枝山丘陵是一个天然的水缸，包括暹粒河在内的大小河流都汇聚于此，即便是到了旱季也不会干涸。原因之三是，可以说明与强调神性的吴哥帝国发祥地相称的宇宙观的大型场景与道具，在吴哥的其他地区都很齐全。荔枝山丘陵被视为圣山须弥山，暹粒河被视为圣河恒河，下游广大的都城（相当于阿逾陀）就是吴哥。原因之四是吴哥都城内不仅有陆路，同时还包含了可经湄公河、洞里萨湖等湖沼、河流行驶渡船的交通网，往来和流通便利，大小的河流纵横穿插吴哥，印度人、中国人等外国商人的船舶也往来于此。

原住吴哥的人们

吴哥大地自古就有人居住，石器时代的痕迹依稀留存于此。这里还有新石器时代的贝冢遗迹，洞里萨湖湖岸的三角洲贝冢据说形成于公元前1500年。调查柬埔寨和泰国东北部时，还时常发现相当广阔的圆形和四方形环壕遗迹。这里似乎存在数座小规

图4　耸立在吴哥都城北侧的荔枝山被比作柬埔寨版须弥山

图5 扶南国的港口城市袄盖，正面的小山是巴特山

模的村落及算不上都城的城市。这些城市虽然没有用城墙环绕起来，但也有土坯和环壕。这里还有像绿篱一样的荆棘栅栏，大概是为了防备当时土匪盗贼的突袭而建。当时的家宅都属木造的干栏式建筑，代替屋顶和墙壁的则是具有驱蚊效果的尼巴棕榈叶编织成的壁板。渡船的船头则安上了有驱魔功用的娜迦像。

　　中国史料记载，该地分为"扶南"和"真腊"两个国家。掌握当地政治情势的中国史料，还谈到真腊为"原本扶南之属国"（《隋书·真腊国》）。扶南的据点村落位于湄公河流域下游的湄公河三角洲地带，这些村落沿着内陆一直伸向海岸，袄盖原本也是其补给淡水的一大港口。印度航海者们于公元前后横渡马来半岛，又因偶然的机会来到中南半岛。他们沿着湄公河和暹粒河溯流而上，大概是为了寻求此处森林的珍贵物产。从碑文上看，他们购买了少量的香料、芝麻、白檀、胡椒，以及虽然数量不少但对他们十分重要的沉香、鳖甲、珍珠、香木和砂金等奢侈品，并将这些物资带回印度。祆盖港还发掘出印度商人带来的罗马钱币和波斯湾西部的圆宝石等各种物品。

印度来航者带来的籼稻

随着印度对南海物产需求的增加，印度来航者纷纷赶在下一艘船只到来之前，赴东南亚各地取得当地有实力者的信任，载得当时高价的香料等特产。他们发现当地人十分中意玻璃珠宝并带回家中，于是将印度制的布料、西方世界的珍宝带给当地人，要求当地人将香料作为等价交换物提供给他们。当地人也应必要之需，将印度的生活用具、文化用品等引入到生活中。扶南国内长期在和平状态中接受印度的文化与器物，印度的宇宙观和天文学也通过文字和山岳信仰传播至此。

东南亚的独特本土文化历经数千年依然存续，而自印度传来的农具、籼稻、印度教的三大神、轮回转生、转轮圣王的志向、王权的观念等，在时间的积淀下被套入柬埔寨本土的框架内，而后逐渐覆盖了全境。这种文化的"点卤型"结合，可以说是印度文化给其带来的作用。

查证6世纪左右的史料，会发现中国人的记载中也流传着关于而后兴起的占族的一种传说。名为憍陈如跋摩的印度婆罗门在梦中被告知他将来到扶南，与该国蛇王的女儿蛇姬相遇，蛇姬名为索玛。中国《梁书》（卷五十四）有记载："其后王憍陈如，本天竺婆罗门也。有神语曰：应王扶南……扶南人闻之，举国欣戴，迎而立

图6 左图：袄盖出土的罗马皇帝马库斯·奥勒留·安东尼努斯（121—180年在位）时期的硬币
右图：袄盖出土的中国后汉时期的夔凤镜（2世纪后期）

焉。复改制度，用天竺法。"史书记载憍陈如集中于357—453年开展政治活动，史料中所述他用到的天竺法制应该指的是印度的宇宙论、天文学和数学等知识。而柬埔寨由此进一步派生出的"神即是王"观念，则是将印度的法经法律体系深入纳入本国文化中的体现。

最初的都城

6世纪后半叶，柬埔寨建立了一座都城。该都城的创建者为拔婆跋摩一世（具体在位时间无法判定，传说他是毗罗跋摩的后代）。该都城因拔婆跋摩一世起源，故被称为"拔婆"（意为拔婆跋摩国王的都城）。拔婆城的所在地尚不明，存在诸多说法。其中的一个可能的所在地是位于今磅同（Kampong thom）市内30千米以外的三波坡雷古。该都城汉译为伊奢那城（《隋书》卷八十二，《真腊传》）。柬埔寨名为伊赏那补罗（Isanapura）。该都城直接引入湄公河支流的占河之水，雨水从周边地区低洼平地处汇聚，进而再流到占河。因此，人们在这种小河川上建造了小型堤坝，还划出土地种植稻谷。运用这种方式，人们可不受气候的左右而保证水源，推定从此时起已经开始出现初步的集约农业（据考古调查）。如此一来，地方的社会经济基础得以形成。

中国史籍《隋书》记载和传达了关于王国面积和王国详细情况的内容，而三波坡雷古现场只有断片式的碑文，存在许多难以明确知晓的历史空白部分。《真腊传》关于早期王城，有如下记载："郭下二万余家。城中有一大堂，是王听政之所。总大城三十，城有数千家。"

考古工作者围绕数座中小都城遗址、祠堂遗迹的周边展开调查，发现了内陆高棉人经营数百年的据点。当时的柬埔寨国内群雄割据，各地形成众多小邦侯国。磅同北部遗存的拔婆跋摩一世碑文，证明了当时纷争的政局。从碑文记载可知，其弟质多斯那自称摩诃因陀罗跋摩王，曾率兵进军泰国东北部，使得王国的领域扩展到而今贡开以北。在泰国东北部还遗存了许多记载摩诃因陀罗跋摩凯旋的碑文。在拔婆跋摩殁后，摩诃因陀罗跋摩称王，他率军开赴拔婆王都，在王都附近反复展开了数次小型征讨战斗。王都及其周边遗迹也用史实证明了高棉的诸王曾东奔西走，为稳固王国打下基础。

最早的高棉人都城：伊赏那补罗国（因陀罗补罗）

据后世的碑文记述，摩诃因陀罗跋摩是一位十分伟大的国

图7 热带雨林地区三波坡雷古的罗比尼寺遗迹

王。12世纪的巴戎寺碑文中，也谈及600年前摩诃因陀罗跋摩的活动与事迹，指出他是伟大的国王，称他的政治活动为王国的不断传承奠定了基础。特别是他作为新都城三波坡雷古南面都城区的建立者，其事迹被后人广为传颂。

三波坡雷古都城是现存历史最悠久的现存高棉建筑之一，相传这里曾有一群林伽祠堂塔，由双重土筑环墙将其围绕，其外墙所围规模达到61 360平方米，现在只留存了7座祠堂和内墙的一部分。祠堂塔门基座上还刻有称颂国王功迹的碑文。7座祠堂的中央祠堂是一座长方形且质感丰满的林伽造型塔堂，外墙还装饰有浮雕，其东面的小祠堂则是用质量上乘的砂岩筑起托座的华盖式建筑。

著名的八角形祠堂可以让人感受到三波坡雷古的都市文化风格，与环境氛围相得益彰。但由于它们是约1 400年前的建筑，无论哪一座祠堂的损毁都十分严重。内墙的墙面上都刻有椭圆雕花的浮雕。尽管只留存了极少一部分，但从这些豪华的建筑装饰上看，它们在往昔无疑是十分精致华丽的祠堂。

摩诃因陀罗跋摩殁于610年，而后国内出现了王位继承的斗争。最终他的儿子伊奢那跋摩一世（615—628年在位）于615年即位。伊奢那跋摩一世进一步扩大征服地区，由考察发

图8　左图：祠堂里的"空中宫殿"浮雕
　　　右图：位于三波坡雷古的武人浮雕遗迹，脸部带有罗马人种特征

现的碑文内容可知，他似乎在柬埔寨全境展开征讨活动，将版图扩大至今泰国尖竹汶府（又称庄他武里）的海岸线。同时代中国的玄奘法师，在其赴印度的游记《大唐西域记》中，称根据印度人传闻，在距离印度十分遥远的东方有一个"伊赏那补罗国"。

628年，伊奢那跋摩一世殁，其次子拔婆跋摩二世继承王位（639年还确认了年号）。然而此时，历经几代国王艰难创业建立起来的高棉帝国似乎难以维持统一。拔婆跋摩二世治下，地方的小王侯具有十分强烈的自立倾向。

拔婆跋摩二世的后继者是磅同省北部小王国的国王阇耶跋摩一世（657—681年在位）。在他统治时期国内出现了小国分裂的局面。

阇耶跋摩一世的都城

阇耶跋摩一世时代留存的最为古老的碑文可上溯到657年6月14日。该日期经由两个祠堂的两段碑文得到证实,其中一座石碑位于马德望省(柬埔寨西北部),另外一座则在波萝勉省(柬埔寨东南部)。由此可知,此时正是国王几乎完全征服上述地区的时期。

阇耶跋摩一世的都城当时称普罗达拉补罗,但该都城遗址在何处,至今无法得知。从而今柬埔寨南部谈及国王的碑文来看,都城建立在柬埔寨南部也并非不可思议。然而,至今并没有发现一块奉国王之命直接刻造的石碑,尽管此时祠堂建设相对较多,但国王自己建立的寺院却无一留存。

图9 吴哥时代初期的山岳型寺院亚扬寺,后因修建西巴莱而被水淹没

吴哥时代的碑文还记载了此时存在的一个被称为安因迪塔补罗的地方侯国，表明它位于吴哥地区。阇耶跋摩一世在7世纪后半叶集中精力致力于扩大统治区域，但其统治中心位于何处尚无法明确。目前存在一种假说，认为若此时该都城位于吴哥地区的话，它大概在现今西巴莱（贮水池）堤坝水底发现的阿库·犹姆寺遗迹所辖地区。但这也并非定论。11世纪建设西巴莱时，阿库·犹姆寺的一部分和该都城都被水淹没，故有说法称在西巴莱的池底有旧都城的痕迹。吴哥地区最终在9世纪初荔枝山丘陵的龙镇举行祭祀仪式并建造起小都城，而到了诃里诃罗洛耶城时期，则开设了生活场域。到9世纪末，吴哥地区发展形成了耶输陀罗补罗这样的都市。

群雄割据的前吴哥时代末期

1932年所发现的前吴哥时代遗迹——阿库·犹姆寺，无疑是吴哥地区最早的镇护国家型山岳寺院。尽管建造西巴莱时（1060年），它被南堤区域的湖水淹没了一部分，但而后又得到了修复。该寺的林伽塔达到三层之高，在顶部台地上还配置了五角形的小塔。据调查，建造阿库·犹姆寺的时代在8世纪后半叶，但下令建造它的国王和修复它的国王，皆无法得知。我们也无法明确这座最早建立的寺院到底是怎样的寺院，具有哪些功能。中央祠堂入口开口部左右两旁的墙壁，已经通过可再利用的石材得到修复，这里刻有碑文。该碑文所刻的年月日为674年6月10日。该寺院周边的同时代建筑，也被认为是上文所述都城城址的一部分。

阇耶跋摩一世与伊奢那跋摩一世都被认为是前吴哥时代最具代表性的国王。阇耶跋摩一世的继承者被推断是他的女婿利帕黛恰王，然而该王仅维持了短暂的统治后便去世了，而后由阇耶跋摩一世的女儿阇耶黛维（也有说法称她是阇耶跋摩一世的侄女）即位为女王。可以确认的是，阇耶黛维开始统治吴哥的时间为713年，她也被认为是高棉古代历史上最早的女性君主。然而，关于利帕黛恰国王或阇耶黛维女王的历史，碑文所记载的内容都只是片段，只能知道他们曾统治了吴哥地区。由于此时的政局，强有力的王权不复存在，过往趋向统一的国土内分裂出众多小王国，涌现出许多小王国名。而小国分裂的状态可以说在整个8世纪期间一直持续。

"陆真腊"和"水真腊"的分裂

7世纪柬埔寨人所建立的统一国家伊奢那补罗王朝（前吴哥时期）最终未能延续。虽然伊奢那跋摩一世（615—637年）的后继者延续到拔婆跋摩二世（644年），但国内各地已经群雄割据，处于分裂状态。它的政治状况在中国史籍（《旧唐书》、《新唐书》和《册府元龟》）中都有所记载。中国史料称，"自神龙以后真腊分为二半，以南近海多陂泽处谓之水真腊，半以北多山阜谓之陆真腊，亦谓之文单国"（《旧唐书》卷179，《真腊传》），"水真腊，地八百里，王居婆罗提拔城"（《新唐书》卷222）。水真腊所辖地区包括如今柬埔寨西北部地区，分为僧高、武令、迦乍、鸠密四个小国，到贞观十二年（638年），水真腊还向中国派遣了朝贡使节。

吴哥王朝的创始者阇耶跋摩二世的征讨事业

10世纪初的碑文，将阇耶跋摩二世（802—834年）登场时王朝内部混乱的政治局面隐喻记载为"为迎接新的蓬勃繁荣时期出现新王"。这似乎是想以此为契机，追溯阇耶跋摩二世平定国内实现泰平的时间轴。

与泰国国境比邻的斯多加通碑文（K.235，1052年），多次提及吴哥王朝的创始者。其中记述了802年，名为阇耶跋摩二世的年轻王子即位。而阇耶跋摩二世的家族作为8世纪前吴哥时代一支具有实力的国王家系，似乎与王朝的政治密切相关。

也有一种假说指出，阇耶跋摩二世所在的王族被自海上进攻吴哥的夏连特拉王朝势力击退至爪哇，由于当时处于混沌的水陆真腊分裂时代，为了安全考虑，他的家族选择赴爪哇避难。顺着该假说进一步推断的话，过去爪哇岛中部的强国夏连特拉王朝曾征讨高棉王国的南部地区，而且的确曾袭击了高棉，还有确切史料证明：8世纪中叶一直占据爪哇岛中部、营造出婆罗浮屠的大乘佛教王国夏连特拉王朝曾占领这里。相传夏连特拉王朝攻打吴哥时，阇耶跋摩二世的家族被挟持到爪哇，而直到阇耶跋摩二世这一代，他们才得以率众重新回到吴哥。

夏连特拉王朝是营造出婆罗浮屠的王朝，自8世纪前半叶存续至9世纪中叶。该王朝的势力占据了全部的水真腊地区，并行使对水真腊的宗主权。

根据碑文可知，出身于吴哥实力王室家族的阇耶跋摩二世，其家族曾把持毗耶陀补罗（扶南国的首都特牧城，位于湄公河右岸，以现在的巴普农为据点）王国的权力宝座。他的家族最初统治的王国是大概位于今波萝勉省的一个小王国。到阇耶跋摩二世时，他回到柬埔寨南部，为确立其立国宣言，他专门执行了特别的宗教祭祀仪式。而最早的仪式，就是针对当时依然行使水真腊宗主权的爪哇强国夏连特拉王朝，表明从此不再维系主从关系的仪式。

当时柬埔寨国内分裂为许多小国，阇耶跋摩二世最先征讨的，是位于湄公河岸今桔井省北部三波地方的强势王国三波补罗（又称三波城），其后建起了因陀罗补罗城。因陀罗补罗城与今磅湛省的班黛普瑞寺（Banteay Prei）遗迹一致。该遗迹留存了边长为4 000米的巨型石造王城。

国王暂且将因陀罗补罗列为都城，其后又从该都城迁出，率领国师希瓦卡瓦亚和他的家族一同迁至洞里萨湖以北，面向荔枝山丘陵地带。"希瓦卡瓦亚到达东部地方，国王赐予他的家族土地和名为库底的村落（碑文K.235）。"这里所指的东部地区就是吴哥以东的地区。如今的斑黛喀蒂寺遗迹之名，便是来源于库底。"自此之后，国王支配诃里诃罗洛耶（Hariharalaya）城，祭司也定居于该城内，其家族都被任命为国王的心腹重臣（K.235）。"

"神即是王"祭祀的建立

阇耶跋摩二世进一步向北方地区展开征讨活动，似乎到达了老挝南部占巴塞省的瓦普寺遗址。这里曾被称为高棉民族的发祥地，祭祀着本土祖先的诸神。"近都有陵伽钵婆山，上有神祠，每以兵五千人守卫之，城东有神名婆多利，祭用人肉。"(《隋书》卷82，《真腊传》)这里所述的灵山陵伽钵婆山的确存在于今老挝南部。

而后，国王沿着扁担山脉（Dangrek Mountains）南侧继续进发，最终征讨了该地的侯国安因迪塔补罗（K.598），到达了罗洛士遗迹群（Roluos）的诃里诃罗洛耶城。而后，国王为了进一步向西扩大领土，建设了名为阿玛莲特补罗的都城。该城的所在地目前尚无法确认。然而，国王此次远征似乎遭致失败，不久就放弃了该都城，随后率众来到了吴哥东侧的荔枝山丘陵地带。荔枝山高丘被视为印度须弥山一般的存在，被称为"玛耶托拉帕尔塔"，于是阇耶跋摩二世在此处建设起都城。这座"玛耶托拉帕尔塔"也被称作"大因陀罗神之山"。而后，又将都城增扩至能够俯瞰吴哥全境的丘陵高地龙镇城，在该地营造了举行"神即是王"仪式的镇护国家型寺院。这座龙镇寺不仅位于丘陵上，而且还拥有伏流水。荔枝山丘陵是暹粒河的源头，也是吴哥地区的天然供水塔。"国王在这座玛耶托拉帕尔塔山上掌握了霸权，祭司希瓦卡瓦亚及其族和之前一样，为了辅佐国王也来到了这

图10　雕刻在荔枝山岩石上的印度教神像

座都城。这个时候，才高八斗的硕学之士、婆罗门祭司比兰亚达玛也到了这片众生聚落之地。"（K.235）碑文中提到的众生聚落之地到底在哪，现在也无法得知，但可以明确的是：国王为了创立"神即是王"的教典，招募了这些碑文中提到的"众生"的祭祀阶层，目的就是为了表明高棉人的国度自此不再从属于爪哇，并确立"转轮圣王"为吴哥的唯一尊神。

招募而来的高僧比兰亚达玛构建了"神即是王"的立教理论基础，而祭司希瓦卡瓦亚将教典从头至尾地诵读下来。国王与比兰亚达玛命令希瓦卡瓦亚家族依据"神即是王"教典执行具体的祭祀仪式，在此家族之外，其他人被禁止执行祭祀（K.235）。

至此，执行"神即是王"仪式的世袭家族诞生了。在当时依然保持种姓制度的印度，最上层的婆罗门是祭祀仪式的执行者，而当时这位比兰亚达玛大概就是从印度远航到吴哥的婆罗门祭司，他熟知立教的祭祀。比兰亚达玛大概也是依照阇耶跋摩二世的命令传授了"神即是王"的祭祀方式与神秘仪式。

与本土的精灵信仰融合

802年阇耶跋摩二世即位之后，随即招募婆罗门祭司希瓦卡瓦亚，致力于确立种种祭祀仪礼，为了符合高棉文化塑造出新的"现世人间神"。原本高棉国内各地，自古以来就存续着本土的守护精灵，也即现在被称为"涅达"[*]的土地诸神与精灵。阇耶跋摩

---

[*] 扎根于柬埔寨的涅达信仰是宗教传入之前的一种民间信仰礼仪。

二世导入了自印度传来的"王乃诸王之首"的王权观念，同时又将它与高棉各地大小的守护精灵结合起来。

古高棉语中的"Kamarten Jagat Ta Raja"（简称KJTR），梵语中的"Davaraja"，都是"神即是王"的意思。国王与湿婆神合体，就是确立王的神格化的具体例证。而其内核则是吸收了土著的精灵信仰，将它与"守护精灵的王中王"合并，以此来说明国王的神格化理论。

阇耶跋摩二世任命希瓦卡瓦亚作为专任的"神即是王"（Devaraja）祭祀的祭司。而后希瓦卡瓦亚一族将国王即位仪式、王室的祭祀等任务都包揽下来，作为国王身边的近臣活跃于高棉的历史舞台。这种国王与祭司的关系，在1052年建造的斯多加通碑文（K.235）中有详细记载，碑文中多次提及自250年前一直持续下来的希瓦卡瓦亚家族世袭的光荣职务。

来自家族世袭继承者一脉的抗议文

斯多加通遗迹位于柬埔寨靠近泰国一侧，与国境线相隔仅数米。碑文是埃蒂安·艾莫尼尔于2001年最早发现并公之于众的。遗迹的外周东西长126米，南北长120米，中央的祠堂塔由红土和赤色砂岩建造，东侧有开口部，是祠堂的正面。遗迹内被周长为60米的中庭和双重回廊环绕。斯多加通碑文就是在该遗迹内被发现的，在高1.5米、长0.42米、宽0.32米的石料四角柱四面，刻着200行梵文和146行古高棉文。

这座斯多加通寺院，是负责宗务家系的菩提寺。该碑文是名为萨达希瓦的宗教世系家族的元老家长所记录的长文。碑文的制成年代为1052年，它详细地记载了自吴哥王朝初代国王至1052年王朝建设的历史画卷。通过该碑文明确了最初的"神即是王"祭祀的存在，并明确了该祭祀自802年吴哥初代国王阇耶跋摩二世时代便一直存续这一事实。与其他碑文等相比较，大概可以判断出吴哥王朝自创立起的历史概况。

萨达希瓦之所以要刻就该碑文，是想通过它阐明宗务世系家族存在的理由和王朝内部的复杂情势（王朝内的权力斗争和王位继承问题）。根据碑文可知，"神即是王"祭祀仪式自阇耶跋摩二世时代起就只允许自己的家族主持，碑文回顾了这段历史并讲述了这段史实。然而，根据当时苏利耶跋摩一世的命令，萨达希瓦的世系地位被排斥在外，他们的家族不再担当即位仪式的祭司。之所以被排除在宗务之外，应该是因为萨达希瓦在1002年曾反对苏利耶跋摩一世即位。

公元1000年，阇耶跋摩五世殁，优陀耶迭多跋摩（Udayadityavarman）、阇耶维拉跋摩（Jayaviravarman）和苏利耶跋摩一世围绕王位继承权展开了三足鼎立的内战。该内战一直持续到1010年并发展至吴哥都城附近。可以推断，在持续多年的王位继承战争处于最为混乱的局面时，萨达希瓦却站在苏利耶跋摩一世的敌人一边，为他的敌人执行了即位仪式。

获得内战胜利的苏利耶跋摩一世为将原本持有即位仪式权限的萨达希瓦排除出宗务，特别授予了他们更高的地位。苏利耶跋摩一世让萨达希瓦家族的另外一支旁系分担了宗务，由这个新的家系出任执行即位仪式的祭司。

也就是说，苏利耶跋摩一世将为敌人执行即位仪式的萨达希瓦从居于高位的祭司职务中排除出去，想要借助时间的力量令这个正统的宗务家族崩溃。针对侍奉过敌人的高官们，苏利耶跋摩一世强制要求他们出席宣誓效忠的仪式，并将这些高官的名字尽可能地刻在王宫入口的塔门前，作为他们宣誓效忠的证据。由此可见，苏利耶跋摩一世无疑是一位赏罚严明的君主。这种惯例存续至今，而今在王宫内仍举行宣誓仪式。

再度考察碑文中所涉及的告发文

而后，萨达希瓦奉国王之命还俗，被排除出世系的宗教职务之外，并与王妃薇拉伽拉米（Villa Jerami）的妹妹结婚，而且他的名字也被改为"阇伊恩陀罗班智达"，专门侍奉国王。尽管形式上萨达希瓦依然拥有国王授予的"拉伽普罗契塔"（国王宗务官）称号，实际上却遭到了人事降级。苏利耶跋摩一世对萨达希瓦的这种做法如今仍是柬埔寨社会惯用的方法，但在当时，萨达希瓦和他的支持者们却没有对国王的权限采取任何抵抗措施。

萨达希瓦从吴哥都城回到他的家系菩提寺所在的斯多加通寺，将官职转换和受辱始末都详细地告知菩提树下长眠的祖先们，因此斯多加通碑文，就是苏利耶跋摩一世殁后萨达希瓦意图讨回公道和正义的告发文。萨达希瓦怀着对自己身份、地位变更的愤恨之心，将这一经历和史实记载在碑文中。

在碑文中，萨达希瓦首先轻描淡写地谈到自己的家族是得到阇耶跋摩二世许可执行国王正统王权传承仪式的世袭家族，强调了在这250年间他们家族的发展经历和与国王一同创造的光辉的宫内宗务实绩，将心中的愤愤不平报告给了祖先。

1050年，苏利耶跋摩一世殁，优陀耶迭多跋摩二世（Udayadityavaraman II）即位，在其即位两年后的1052年，萨达希瓦就迫不及待地上奏新国王要求获得善待，并在碑文中刻上这个崇高的家族不该消逝而应永远传承下去的内容。

萨达希瓦详细地叙述了自己的家族是侍奉辅佐历代国王的世袭世家，而且在碑文中明示了历代国王和国王当治时的事迹；碑文中不仅记载了在位国王，也明确地记录了王位传承关系中不确定的那些国王在位和继承的事实。

吴哥王朝的王位传续，并不一定是由国王的儿子（兄弟）继承王位。目前已经判明了26任在位国王的名号，他们几乎都是通过行使实力和使用权力获得王位的。在古代柬埔寨，政治权力拥有者和享有宗教权威的家族，通过相互依存的关系，努力保持着王权与神权的紧密结合，政权拥有者维持世俗王权，而宗务家族则导演王权神授。宗务家族向诸位国王教导柬埔寨的宇宙观和宗教威严，并让他们修建崇高伟大的大寺院。

现存的碑文史料是少数人刻写上呈的特殊文书，其中记载的内容是从这些人的立场和价值判断出发，单方面反映当时社会的重要记录和信息。从这个意义上看，不得不说它是了解当时社会的重要史料和线索。因此，逐字逐句地解读碑文，就可以再现碑文所刻画的人物的历史和他们生活的时代。

伟大国王阇耶跋摩二世的遗迹在何处

阇耶跋摩二世于834年在诃里诃罗洛耶城去世。这座建立在荔枝山高丘之上的诃里诃罗洛耶城到底是何时完成的呢？在国王治世的晚年，吴哥王朝内部似乎是十分稳定的。国王在宣誓自己为"守护精灵的王中之王"后，因王国尚未征服柬埔寨西南部，所以国王在继续扩大其影响力。

尽管阇耶跋摩二世是帝国荣光的缔造者，但目前的发现甚至无法确认他在位期间常年致力建立的寺院。然而，最近的调查结果认为，龙镇寺是阇耶跋摩二世时期的建造物。该寺院建在荔枝山丘陵的最顶端，可以推断，该寺院就是夸饰国王绚烂即位仪式的舞台。该寺院构造复杂，受损也十分严重，在建造时也许急于赶工完成。可以进一步判断出阇耶跋摩二世时代的祠堂也位于邻近地区，据说祠堂是地方土豪捐资修建的，因此很难说此处的寺院都是由国王建造的。

位于因陀罗补罗（现在的班黛普瑞寺）都城的普烈·特托·通和普烈·特托·托契是最早的祠堂。然而，考察罗洛士遗迹群中阇耶跋摩二世时期在诃里诃罗洛耶城建造的寺院，则更为困难。曾作为都城的三波坡雷古在阇耶跋摩二世时期的遗迹群中，远远算不上最高等级。

阇耶跋摩二世是怎样的征服者

关于阇耶跋摩二世，后世的碑文有明确引用和言及的内容，这位国王有许多传奇经历流传下来。毋庸置疑，关于国王的碑文基本上都延续了口述的传说。也有说法称，国王死后立刻就成为了传说式的人物，他的事迹得到十分夸张的传颂。无论怎样，即便到834年阇耶跋摩二世殁后，他仍然作为一种资源被特别地利用。

国王的儿子阇耶跋摩三世继承了他的王权，国王在罗洛士遗迹群建造了一座瑞孟提寺，该寺院（位于神牛寺的背后）大概就在当时的王宫内。阇耶跋摩三世的继任者是因陀罗跋摩一世（877—889年在位），但在这两位国王中间有很长一段时间属于王位空置期。很难认为阇耶跋摩三世这样的国王的统治时间能达到40年以上。而且，国王的足迹也仅仅是一些难以确认的碎片化信息，故他也成为吴哥王朝初期的一大谜团。

8世纪后半叶至9世纪，吴哥实现了国内统一，因此，我们可以试着考察被认为是吴哥王朝创建者的阇耶跋摩二世以及他的继任者阇耶跋摩三世到底是怎样的国王。然而，两位国王在位期间的碑文仅仅只有两个（K.103、K.134），其他谈及他们的内容皆来自后世所刻碑文。根据碑文上的记录可知，阇耶跋摩二世的统治自802年至834年，共约30年；而阇耶跋摩三世的统治自834年至877年，共43年。

开启吴哥王朝的史事

阇耶跋摩二世从名为"爪哇"（并非而今的爪哇，而是既包括爪哇也包括苏门答腊的广大区域）的地区回到国内，而当时的柬埔寨国内还处于各地方势力割据的状态。根据 K.235 碑文，阇耶跋摩二世首先征讨因陀罗补罗，在那里称王，当时的确切年代为770年。而后国王北上讨伐三波补罗王国，将其纳入统治之下，当时的确切年代为781年。当初，尚没有任何证明身份和地位证据的阇耶跋摩二世，相传将三波补罗地方具有名望的家族纳入自己的家系，试图证明自己的血缘身份。

先后平定了因陀罗补罗和三波补罗地方的阇耶跋摩二世，将下一个征伐目标定在了吴哥地区。到790年，他又平定了吴哥，而后他瞄准吴哥西北部，建设了阿玛莲特补罗城。从此之后他自然而然将吴哥附近地区大大小小的地方势力都纳入自身支配下，其中一支名为安迪塔补罗的地方侯国家族势力也被阇耶跋摩纳入统治。经过这番征战，征服了吴哥和邻接诸地域后，国王再度回到吴哥，于802年在荔枝山丘陵，即被称为玛耶托拉帕尔塔的地区以国王的身份正式即位。

阇耶跋摩二世一方面运用军事行动促使国内的地方势力归顺，平定国内；另一方面，他又获得了占有宗教权威的婆罗门比兰亚达玛和祭司希瓦卡瓦亚的帮助，首先执行了否定爪哇夏连特拉王朝宗主权的仪式。而后，他又相继创设"转轮圣王"和"神即是王"的祭祀仪式，让国内外周知新王的权威。这些祭祀仪式同时也是排除爪哇方面再度来袭致使国土被占领这一可能的驱魔式秘法仪式。它们的历史背景可以上溯到柬埔寨8世纪被夏连特拉王朝等势力占领的时期。

为何吴哥成为首都

根据碑文内容可知,吴哥地区被选为都城是在阇耶跋摩二世平定国内的途中。国王为了统一国内,开启了"神即是王"的祭典,荔枝山丘陵是执行这一祭祀仪式最为合适的场所。然而,在荔枝山丘陵中营造被认为是宇宙中心之都的都城,是十分不便的。于是,国王开始物色新的执行"神即是王"宗教仪式的灵验场所,但在荔枝山中寻找合适之处亦不方便。于是国王出于务实,在距离荔枝山30千米,处于平原地带的罗洛地区(而后的诃里诃罗洛耶)举行祭祀。罗洛地区似乎在9世纪之后,就发挥着副首都的作用。它靠近洞里萨湖湖岸,处于可利用湄公河的国内交通要塞位置。

根据碑文所记载内容可知,吴哥时代初期,无论是第一代国王阇耶跋摩二世还是他的继承者阇耶跋摩三世,为了平定国内、实现统一,都不断地东奔西走。

根据笔者的推论,吴哥初期两代国主阇耶跋摩二世和三世为了实现国内统一的事业,大概耗费了近70年。被征服地区的叛乱分子和他们的家族以大约数百人为单位,作为俘虏被带到罗洛士附近,作为国王监视下的直属部下(奴隶身份的寺院建造者)而被使役。成为俘虏的人们似乎还被用来从事建造巴莱(贮水池)的作业。这些被俘者被用来从事建寺工程、土木工事和森林砍伐工作,新都城罗洛士在5年时间内就建造出巨大的3座寺院。而且,这些被俘的土木工作者、建寺者及其家族成员还从事农业,确保了日常的食粮供应,而新首都巴肯寺的建设依然延续使役他们的习惯,将开发罗洛士的经验发挥推广开来。

使用软硬战术令地方归顺

阇耶跋摩二世在整个生涯中的足迹顺序如下:因陀罗补罗→三波补罗→诃里诃罗洛耶→阿玛莲特补罗→玛耶托拉帕尔塔→诃里诃罗洛耶,以上这6次转移不外是带领兵员和家族转战国内各地。11世纪的碑文中通过"命令武将,平定全国"这一内容,谈及国王的家族也一同参与征讨地方这一历史进程。武将中有一名为普利迭瓦那莲陀罗的大将,相传他"像火团一样烧毁敌军"。该武将奉命征讨了玛尔杨(磅同省以南的地区)。

国王从南方的因陀罗补罗地区征讨至西北部的阿玛莲托补罗,于各地展开军事行动,虽然最终达成统一,但国王足迹所到之处都遭到各地方势力的抵抗,这成为统一并非轻而易举的佐证。阇耶跋摩二世自770年开始,在约60年的时间里为了实现国内统一而夜以继日地致力于征讨各地。如此大的军事业绩和伟大功勋一直传至后世,阇耶跋摩二世被后人作为可敬可畏的国王称颂,他成为柬埔寨王权权威的源泉,被公认为是伟大的王朝创建者。

继承王位与主张权利的10名王妃

碑文中有"自此之后,国王为了支配诃里诃罗洛耶城而返回，在那里重新恢复了'神即是王'仪式"的记载，指出"国王在安置神王仪式的诃里诃罗洛耶城走完他的一生"（K.235）。

除了倚靠力量的征服和宗教性仪式，阇耶跋摩二世还进一步运用执政者的惯用手段——政治联姻，强化了他与地方政治势力的纽带。若精密地调查碑文字里行间，国王作为政治策略的婚姻就会跃然浮现。他在60余年的生涯中，迎娶了多位妃子、妻妾，但碑文中记载有名号的王妃却仅有10人。

针对当时割据地方且有实力的安因迪塔补罗家族、跋摩补罗家族等拥有相当高贵地位的家族，阇耶跋摩二世都采取了与他们建立政治性婚姻的策略。在与这些家族结缘的同时，各家族势力获得国王的许可，将他们的郡主送入国王后宫，而后过着被监视的日子。作为郡主近臣的随行辅佐差吏们，最终也通过该职务得到活跃于朝廷的机会，逐渐赢得国王的信赖，被提拔为地位高的臣僚、军团长或是王宫内的高官。他们中间也有与国王的近臣通婚的人。这种对职位的提拔应具有政治背景，它某种程度上防止了这些地方出身者掀起地方叛乱。

作为女婿的阇耶跋摩三世

仔细考察碑文可发现，王妃们所生的王子保有王位继承权。各个派系的王妃拥立具有继承者资格的王子，以该王子顺利即位为目标，在宫廷内不断地展开权力斗争。最终，因陀罗跋摩一世的女儿、阇耶跋摩二世王妃之一的达莲托拉托薇选取其子阇耶跋摩三世作为继任者。其势力压制了其他的异母兄弟，最终阇耶跋摩三世就任王位。

阇耶跋摩三世击败了那些出身地方名门家族和拥有重臣家族血统的王位继承竞争者，于834年继任王位。新任国王原封不动地世袭了"阇耶跋摩"的国王名号，并使用"伽尔贝杰瓦拉"（与生俱来的至高者）的称谓来称呼自己（碑文K.315明确指出主张拥有王位继承权的王子有10名，但最终阇耶跋摩三世即位）。

阇耶跋摩三世即位的背景

这则传闻中还有一个传说，即阇耶跋摩三世即位的原因与达莲托拉托薇和与之相关的某位名为律陀罗跋摩的人物强有力的拥立有关。阇耶跋摩二世于诃里诃罗洛耶城死去，此时达莲托拉托薇王妃的派系抑制了其他王位继承者的势力和反对派，想让年轻的国王继任王位。这支王妃势力介入阇耶跋摩三世的政治，实质上握有王权，其目标是让因陀罗跋摩一世就任下一代的国王王位。

阇耶跋摩二世攻略阿玛莲托补罗城，进而数次向玛尔杨地区展开征讨活动。在远征过程中，因陀罗跋摩家族的人们有很大可能参与其中。因陀罗跋摩家族是以律陀罗跋摩为中心的地方名门家族，因陀罗跋摩一世就是律陀罗跋摩之孙。879年的神牛寺碑文（K.713）中，有关于扁担山脉附近的简因·乌娜姆地方和玛尔杨地方的记载，这些碑文都记载了因陀罗跋摩家族跟随阇耶跋摩二世参加征讨该两地行动的事实。

阇耶跋摩三世得到其祖父家族的支持向各地出兵。虽然因陀罗跋摩三世即位较迟，但他之后的一任国王耶输跋摩一世得以在实力渐长的家族中长大成人。阇耶跋摩三世死后，因陀罗跋摩一世最终即位，他的儿子耶输跋摩达那（而后的耶输跋摩一世）迎娶了名门三波补罗家族中的因陀罗薇因王妃，令正统的王家势力成长壮大起来。

第三章
营造吴哥王朝的炯眼之王

国王须做之事

因陀罗跋摩一世是前一代国王阇耶跋摩三世的祖父。尽管他年事已高,但在877年最终就任王位。前一代国王的生母达莲托拉托薇王妃是因陀罗跋摩一世之女。因陀罗跋摩一世实际上是阇耶跋摩三世的政治后盾,通过强大手腕令其即位。

因陀罗跋摩一世是相当了得的战略家。早在阇耶跋摩二世(802—834年在位)征讨地方之际,便采取了软(政治联姻)硬(武力)兼施的两种战术。因陀罗跋摩一世在侍奉阇耶跋摩二世的同时,还将自己一族的年轻女性送入二世的后宫。后世有许多言及阇耶跋摩二世的碑文,仔细调查这些碑文可发现,阇耶跋摩二世的后宫有10名王妃和10位王子,王子们在他们各自后盾的支持下,围绕下一代国王宝座展开激烈的斗争。碑文还反映出,随着时间的推移(大概是在政治斗争中失败?),各王妃和王子的名字相继被削除了。

最终，因陀罗跋摩一世之孙即阇耶跋摩三世即位。因陀罗跋摩一世随即成为阇耶跋摩三世的后盾，与他一道赴各地平定各势力，保证了王权的稳定。阇耶跋摩三世去世之后，王位则归于因陀罗跋摩一世。因此，因陀罗跋摩一世虽然仅在位12年，但他创立了吴哥王朝历代国王须营造的三建筑组合的原初方案和模范样板，他也是为建设吴哥提供具体例示的国王。因陀罗跋摩一世以当时的宇宙观为依据，建成了大都城、镇护国家的寺院、大王宫以及作为吴哥王朝农业经济基础的巴莱。

9世纪后半叶，诃里诃罗洛耶城内开发出名为"因陀罗塔塔卡（意为因陀罗跋摩一世的贮水池）"的巴莱，并在巴莱的灌溉作用下使役阇耶跋摩二世和三世从远方俘虏的大量劳动力征收收获物，自877年开始耗费12年同时建造出大寺院等三处建筑。与此同时，他还推进了木造王宫的建设。

继承王位的新王到底必须完成什么事情呢？那就是在诃里诃罗洛耶城建设作为"神即是王"具体证据的建筑，为众人和后世提供模范样板。由此一来，因陀罗跋摩一世就从圣剑寺高山的龙镇祭祀场脱离出来，为而后新王须建设的基础设施提供了具体的示例。他也是为彰显吴哥王朝约600年繁荣提供基本性示例的国主，其战略和眼光都得到了高度评价。吴哥王朝的26名国王，都致力于建造由他确立的三建筑组合，但真正得以实现夙愿的只有6名国王。

高龄之王因陀罗跋摩一世即位

柬埔寨南部的巴扬寺（Phnom Bayang）有着记载因陀罗跋摩一

世即位的碑文，而在距离更为遥远的现今泰国东北部也发现了相关碑文。前者记载了因陀罗跋摩一世在巴扬寺古祠堂奉湿婆神的旨意，后者是佛教系的碑文，记述了因陀罗跋摩一世为这个时代的国主。

国王在正式取得诃里诃罗洛耶城的最高权力之前，已经在事实上以柬埔寨南部为中心，与阇耶跋摩三世一道致力于征伐全国的事业，到三世殁时他已经是相当高龄的老者。从他之前的履历来看，他在即位前已经是强有力的政治实力拥有者，并可断定他几乎已将全部国土掌握在统治之下。宗务高官西瓦索玛执笔的碑文（K.235）谈到了当时的状况，"国王的命令是中国、占婆、爪哇君主们高傲头顶上璀璨的宝冠"，它体现出此时柬埔寨的对外关系。因陀罗跋摩一世是为吴哥王朝的国王们今后具体实施哪些工事定下剧本，并为建造大型部件树立模范样本的伟大国王。

最初建设水利都城的国王

因陀罗跋摩一世即位之后，用了10年的时间，最终完成了建设水利都市的事业。在因陀罗跋摩一世的治理之下，起初村民们从事赋役（即侍奉国王的税役），在巴莱"因陀罗塔塔卡"（3.04平方千米）上建造起石造堤坝，为打造水利都市做准备。而国王统治下的村长等人，似乎也为维持巴莱和水路的管理提供帮助。虽然碑文只记载了简短事实，无法得到详细的情况信息，但吴哥地区自9世纪起借助巴莱，似乎已经具备了一年耕种两茬水稻的条件（或是耕种三茬）。

巴莱的水利网使得在旱季也能够实现一年两作，让集约农业得以实施，令吴哥大地变为丰饶的沃土。在雨季、旱季交替的柬埔寨，人们建造了贮水用的石造堤坝巴莱，使得雨季的洪水灾情得到缓和，巴莱中的水在旱季时可用来滋润田地，从而得到收获。

作为这种经济的成果，吴哥在5年时间里具备了建设三座寺院所需的集中人口，地方经济也因此发展。具体而言，镇护国家型寺院巴孔寺、慰抚祖先的祖寺神牛寺和瑞孟提寺（Prasat Prei Monti），以及位于两座祖寺背后的木造大王宫都是此时建造的。阇耶跋摩二世和三世两代国王致力于征讨，从各地征伐而来的俘虏被强制带到诃里诃罗洛耶，作为国王的奴隶劳作。正是通过使役这些人口，吴哥建设并完成了以上建筑。

因陀罗跋摩一世的统治虽然短暂，但他确立了王朝政治的基础，坚实地奠定了"巴莱式"的农业生产。他在阇耶跋摩三世在位时长期作为幕后支持者，国王忙于其他公务时又代其往返于龙镇寺与诃里诃罗洛耶城。在他统治的12年间，吴哥的统治遍及柬埔寨南部。自拔婆跋摩二世之后，地方就分为小国，国内出现了持续约150年的群雄割据局面，而因陀罗跋摩一世是与阇耶跋摩三世一道完成王朝初步统一的一代雄主。根据碑文内容可知，因陀罗跋摩一世至少延续维持了阇耶跋摩二世与三世这前两位国王所平定地区的统治。

因陀罗跋摩一世治下，实施了根据巴莱方式使用水路而进行的越田灌溉耕作，当时的诃里诃罗洛耶城（现在的罗洛士）于877年开始初步营造人工的大型巴莱。而今，罗莱寺的贮水池因陀罗塔塔卡的浸水面积达300公顷，蓄水量达1000万立方米。它能够给比其面积大约100倍的田地提供灌溉用水。虽然碑文没有提及，但大概可以确定：通过反复尝试，历经多次失败，吴哥终于逐渐在实践过程中取得了农业作业的成功。

成功的要因是，吴哥地区具有天然的大片扇状平地。吴哥还有约行走1 000米地势才下降1米的柔缓斜坡，人们利用它引导出水路来灌溉田地。正因为如此，扇状平原为吴哥王朝后来的巨大繁荣奠定了自然条件的基础。当时的人们在巴莱周围筑造出石土堤坝，堤坝呈日语假名"コ"字造型，向那里引入雨水和一部分河川之水，实现了蓄水，这是一种让水源流向该堤坝内巴莱的自然蓄水方式。而在堤坝的低处装有水门装置，在堤坝内侧和外侧，人们还开凿出作为副水路的小沟渠。

当时的人通过利用稍为倾斜的斜面，让扇状平原在水利网的滋润下实现了农业开发，最终带来了粮食产量的增产，并且推进了人口的增加。正因如此，建寺的人手也得到增加，这使得建造大型寺院成为可能。最终，这里诞生出东南亚最为富裕强大的王朝。水利和农业的成果，使得建造吴哥窟这一巨大石造大寺院成为可能，持续不断的建寺工程使吴哥傲立于繁荣之巅。

奉纳祖寺神牛寺的高阶女官家族

在巴莱之外的第二大工程，是879年建造的依照惯例告慰先王们的在天之灵，并令大多数王室相关者和国王官僚们都认可的祖先之寺——神牛寺。祭祀中排在首要的人物，最早是伟大的阇耶跋摩二世。该祖寺在1.5米高的台基上建筑而成，其宅基地长约500米，宽约400米。宅基地之内并没有发现其他建造物的痕迹，

图11 平面型祖寺神牛寺，砖土砌成的祠堂上涂着漆泥

而它的后方大概是因陀罗跋摩一世所住的木造大王宫。

神牛寺祠堂的同一台基上还筑有三座塔立于其两旁，居于神牛寺前列的中央祠堂塔相比两旁的祠堂而言稍微面向西边。这里将湿婆神在吴哥的化身帕梅杰湿婆拉作为"至上神"供奉祭祀，而帕梅杰湿婆拉也是人们对阇耶跋摩二世死后的称呼。北侧的祠堂供奉祭祀着因陀罗跋摩一世曾外祖父的化身尔托列湿婆拉神（尔托因陀罗跋摩一世），南侧祠堂则供奉祭祀着因陀罗跋摩一世之父普利黛瓦托拉跋摩的普利黛瓦托湿婆拉神，这些祖先崇拜也是本土柬埔寨文化的余韵。

这些守护神都被冠以湿婆神的名号，祠堂中之所以安置着湿婆神与国王合为一体的因陀罗湿婆拉神，是为了体现神秘性和本土性。后列的祠堂相比前列的体积更小，其中供奉着各个国王正室死后化身的神明，逝去的王妃们也被冠以神明名号，可见它们也是旨在以印度教本土化为目标的祠堂。

营造镇护国家型寺院巴空寺

因陀罗跋摩一世在诃里诃罗洛耶城的正中央修建了镇护国家

型寺院巴空寺。它是用砂岩堆积五段基坛而建设起来的山岳型寺院，为了营造出它的宗教性威容，在巴空寺周边还点缀了小型祠堂、内墙四角的巨型雕像、狮子像等，在其周围陈列着不同大小的优雅的装饰物。人们在这座崇高的寺院周边还建设了环沟。环沟高50米至65米不等，东西长约800米，南北长约600米，其中是被包围起来的空地。环沟断开的地方是寺院的出入口，分别对着四条基轴道路，其中南北的道路位于中央祠堂中心略微偏西的位置。环沟的内侧还设置了林伽造型的26座小型祠堂。外围四周墙壁由红土造成，东西约350米，南北约320米，包裹着环沟内侧。

图12 上图：山岳型寺院巴空寺，用砂岩建造的中央祠堂
下图：为了防止基坛的红土墙壁和外侧砂岩崩塌，设置了支柱

　　横贯环沟的路桥参拜道路上，曾经还建有雕刻了大型娜迦的栏杆。娜迦栏杆上雕刻的是吴哥都城早期建设时的蛇神，它用巨大的石材建造而成，具有厚重感。现在它被随意地摆放在地面上，雕刻的娜迦鳞片已经剥落，五头娜迦的头部也纷纷散失了。塔门有东西南北四面，都通向参拜道路，南北的塔门建造得略为

55

狭小。在巴空寺遗址内并设有后世的上座部佛教寺院和僧堂，它们都是历经数年逐渐增建的。

镇护国家型寺院和其范围内祠堂的布置

巴空寺四周的墙壁同样也用红土建造，覆盖范围达19 200平方米，它将所有的神圣建造物都包围在内，墙壁之下有塔门穿过，连接着供参拜者行走的石板路，由塔门处伸出到外界。进一步进入到巴空寺遗址内，可看到东西朝向延伸的参拜道路，与之平行的石室位于参拜道路两侧。参拜道路可一直到达中央祠堂入口的台阶处。

山岳型寺院是将印度的宇宙观通过柬埔寨本土化而得到诠释和具体呈现的寺院，它模仿喜马拉雅灵峰上诸神所居的须弥山，在基坛上建造出尖塔。中央祠堂在20世纪初被发现时已经被损坏得十分严重。1911年法国人拉简·皮埃尔中将的现场报告记载了损坏的状况。分析祠堂为何遭损的众多说法中有一种通说认为，这是因陀罗跋摩一世殁后其后嗣在王位争夺战时破坏的。

1936年至1943年，法国远东学院对其实施了修复，法国建筑家莫里斯·格利以使用原本建材为中心，采取原物复归方法复原了寺院。原物复归法原本是希腊修复帕特农神庙时被开发出来的石造建筑修复法，它在石材与石材的内侧用铁筋连接，再采用水泥固定。20世纪30年代初在亨利·马夏尔主导之下，吴哥遗迹境内的女王宫（Banteay Srei）寺院得以修复。

分析中央祠堂，能够明确判断其壁面的女神像浮雕是12世纪中叶吴哥艺术样式末期之物。而从建筑样式来看，中央祠堂似乎是在吴哥窟时代得以修复并再建起来的。中央祠堂除了正东面入口之外，还有3个假门，正堂的顶部结构呈逐渐缩小的塔尖形状。

寺院本堂各基坛的石阶上都有石狮子守护。第三基坛的各角上，还安置了石造的巨象。在第五基坛的壁面上有十分薄细的浮雕，但现在只断片式地留存了一部分。这些遗迹都是周到细致地建设而成的寺院，蕴含着十分精巧细致的装饰。

主神的创设与礼拜

当时寺院的基坛是挖掘环沟后的砂土堆积而成的土堆。基坛的外壁由红土和石块组成，其外侧还包裹了能够雕刻浮雕的砂岩，这使得在上面雕筑浮雕成为可能。

中央祠堂供奉祭祀着当时主神因陀罗湿婆拉的林伽。有碑文记载，811年为了安置进入供奉诸神行列的新主神因陀罗湿婆拉神，人们专门建造了木造的小祠堂。

巴空寺寺院周围还有建造了林伽的8座大型祠堂。它们各自都是在正方形的地基土台上被建造起来的，顶部呈凸角，属于二层结构建筑。它们

图13 巴空寺基坛上残留的绘图，据说是最古老的浮雕

都呈东面朝向，都是供奉湿婆神的祠堂。它们的造型皆为林伽样态，开口部的框架轮廓、柱子和假门都由从立石上剥落的砂岩建造。祠堂的侧面壁龛上，安置着上了漆的守门神或是女神塑像。而这种涂漆的装饰方法，也在神牛寺中得到采用。

　　从真正的意义上看，巴空寺是模仿须弥山而建的最早的镇护国家型寺院，也是吴哥地区史上第三古老的寺院。最早的是位于西巴莱南堤部分被掩埋的阿库·犹姆寺，而后是圣剑寺高山上的龙镇寺。巴空寺是能打动人心的大型山岳型寺院，它也成为而后500年建造真正意义上山岳型寺院的出发点。由此可见，因陀罗跋摩一世是十分了得的既博闻强识，又拥有审美眼光的国主。

第四章
最早的大都城耶输陀罗补罗

30岁的新王即位

866年,步入暮年的因陀罗跋摩一世终结了他的执政时代,诸多皇子们围绕下一任王位展开武力斗争。最终,拥有军事实力的耶输跋摩达纳上位。

耶输跋摩达纳凭借实力而获得王位,碑文还记载了这时吴哥与东面邻国占城进行水战的战况。碑文如此记载在洞里萨湖上展开的战斗:"指向胜利推进船队的国王(耶输跋摩达纳),于广阔的湖面上击沉了四面八方逼来的敌船。"而这次战斗,大概也是一场不容宽恕敌方的杀戮战。在与占城进行的陆上战争中,主战场在诃里诃罗洛耶城附近,主要集中在神牛寺背后木造王宫所在的湖畔广袤空地上,在惨烈的浴血战斗后,王宫遭到破坏。在战争的白热化阶段,还有一场歼灭从巴空寺逃窜的小撮敌军部队的激战。这次战斗似乎也破坏了巴空寺的中央祠堂。

碑文所记载的胜利者名字，是因陀罗跋摩一世的儿子耶输跋摩达纳和他的母亲因陀罗乌黛。然而，从碑文来考察，这位新国王并非他父王所指定的继位者，耶输跋摩达纳应该是从他母亲的亲族那里获得了主张王位继承权的权利。

889年，耶输跋摩达纳即位为王，史称耶输跋摩一世。这位新王当时至少30岁，可以推测他已迫不及待地期待其父王让位。相传耶输跋摩一世筋骨强健，多处碑文记载他"拥有超乎寻常的发达肌肉和力量"，"一刀将坚硬的铜棒分为三段"。其他碑文也谈到，国王为他的部下举办了格斗竞技大会，并且让拥有同样力量的部下互相比试，他似乎也乐在其中。

国王在各地建设的湿婆神僧院

889年，耶输跋摩一世即位，随即下令建造100余所柬埔寨版印度教的湿婆神僧院阿什拉玛（āśrama）。"阿什拉玛"出自梵文，意为"修行者之庵"。修筑阿什拉玛是为了让人们知道耶输跋摩一世是从父王手中接过权力、继承王位的唯一国主，目前已发现20余处记载了修筑阿什拉玛的过程且留存到现在的碑文，这些碑文叙述了耶输跋摩一世的家谱，还以吹捧的口吻说明他具有优良的血脉。这一时期王朝年代史的记录者，详细记述国王具有与其地位相称的智力水平、身体素质和执行力。

这些阿什拉玛都被命名为"耶输达纳希尔玛"（耶输跋摩国王和阿什拉玛的合字），国王以敕令形式制定了这些僧院的规则。例如，这些僧院的修行僧所穿衣服的颜色限定为白色，身上不允许佩戴任何饰品,甚至也不允许僧人使用遮阳伞。针对违反了以上规则的修行者,会根据他的身份勒令其支付规定的罚金。出身王族的王子们的罚金大概是20帕拉金(金额单位不明),与地位高者的一样属于高额罚金。一般的出家者只要付四分之三帕拉金罚金即可。普通人若无法支付罚金,则要遭受被藤蔓鞭打100回的刑罚。修行者如果怠慢日课,懈怠在僧院的日常事务,也会被处以罚金。

这些僧院大概都是木造的家宅,现在几乎都已绝迹。然而,记载僧院的宝贵碑文依然留存在僧院原来所在的场所。这些碑文可谓是"刻在石头上的便签",所记载的几乎是同一内容。碑文两面各自都刻有50诗节梵文诗文。这些僧院所分布的地区也是显示当时王国统治范围的一大证据,是重要的现场史料。这些碑文的发现地遍及柬埔寨南部至老挝北部的瓦普庙,并且在今泰国帕侬蓝地区也找到了相关碑文。

而值得注意的是,碑文所载的梵文诗文内容十分洗练成熟,从中可知往日柬埔寨对印度文化的接纳已经达到了非常高的水准。这种梵文碑文大概是在定居此地的印度婆罗门阶层的指导下撰成的,但当时的碑文中没有任何有关这一时期印度婆罗门阶层的交流与居住实态的内容。

巴肯山上建立的宏伟新都城

在这些被发现的碑文中,还有对耶输跋摩一世极尽夸张赞美之词的,其中就有如此记载:"国王是地上至尊的君主,他的名声几乎让豆蔻山的住民知晓,还到达斯丁族、马来族的住地和大海相隔的中国，进而到达与占婆交界的地方。"

斯加通碑文（K.253）中则有如下记述："此时，国王建设新都城耶输陀罗补罗。为了将'神即是王'仪式从诃里诃罗洛耶城召集到新都来，国王在巴肯山山顶修建了镇护国家型的寺院。而从事'神即是王'祭祀仪式的世袭家族祭祀官瓦玛西瓦，在中央祠堂安置了林伽。"

耶输跋摩一世即位后，就考虑建设新的都城，其原因大概是因陀罗跋摩一世的王宫与他所处时代的寺院巴空寺都被争夺王位的内战所破坏，而诃里诃罗洛耶城和其周边地带与国王理想中所要建设的新都城场地相差甚远。另外，由于诃里诃罗洛耶城的周边都已经建设了国王之前时代的诸多寺院、祠堂、贮水池等，并已经有住民定居，所以此地并非年轻国王实现的新都城计划中的合适地点。耶输跋摩一世效仿之前的都城诃里诃罗洛耶城，决定建设属于自己时代的新都城、新寺院、新王宫这一三建筑组合。因此，他决定在吴哥地区距离原都城大约13千米的地方谋求一块新的天地。

总之，耶输跋摩一世的新都城计划，是过去诸多国王难以达成的大规模构想。相比他父王所完成的在诃里诃罗洛耶城修建三建筑组合的大事业，他似乎想要进一步，建设更为宏大的都城。耶输跋摩一世在推进新都城整备计划的同时，还建设了往来于新都城和旧都城的版筑填土道路（运用的是在修筑旧都市的土木工事中开发出来的版筑技法，而今当地依然称这些道路为"堤道"），在沿线还建造了新的街市。这一道路也被视为都城从诃里诃罗洛耶迁移至吴哥的"搬家之路"。

巨大贮水池东巴莱的建设

对耶输跋摩一世来说，他即位后的任务就在于在巴肯山顶修建镇护国家型寺院，以及在巴肯山脚北侧的土地上建造王宫。与此同时，国王还效仿因陀罗塔塔卡的先例，为进一步推进集约性的农业而建造巨大的巴莱（贮水池）。

吴哥地区存在许多大大小小的巴莱，而为什么有必要建造如此多的巴莱，引起了柬埔寨本国和海外的讨论，围绕这点也展开了调查。耶输跋摩一世治下建造的东巴莱，正式名称为"耶输达纳塔塔卡"，即"耶输跋摩一世的贮水池"之意。它的面积达1 750万平方米，水深约1米，可以蓄水1 750万立方米。而今，东巴莱已经干涸，不再蓄水，近10米高的巨型土造堤坝依然存续。东巴莱的蓄水来源似乎只有雨水。在其西南角地势最低的地方设置了水门装置，蓄水通过该水门，沿着自然的斜坡顺流而下。而巴莱的底部有数块大型水田，巴莱中的水可以通过以上方式配给到水田中。

吴哥地区的地质到底如何呢？概略而言，它在地下2米处就有蓄水的黏土层。然而，以吴哥窟环沟地区为例，从过往经验来看，仅依赖雨水的话，到旱季最盛时节仍会干涸。它需要从附近河川补水来维持水位。

巴莱往往设定在比耕地更高的位置，而从河川导入水时，会根据不同地区业已完成灌溉的情况，确定目标和高度再进行引水。导水路的地势往往会设定得比耕地地势要高。到必要的时候，再打开巴莱的水门装置，用蓄水来滋润下方的水田。由于巴莱的堤坝是由积土堆造而成，自然漫出的水会受到副水路侧沟引导，进而实现排水。

反映宇宙观的耶输陀罗补罗都城

耶输跋摩一世在先王修建的因陀罗塔塔卡的中央人工小岛上，建造了名为罗莱寺的僧院。罗莱寺位于因陀罗塔塔卡内部，是以面积达7 200平方米的石堆台地为地基而建造的祠堂。893年7月8日，它成为供奉祭祀国王双亲和祖父母祖灵的祖庙。

耶输跋摩一世的都城是耗费约18年时间在巴肯山上建造而成的，自然海拔高约60米，所有的建材都是搬运上去的。数万块砂岩和红土砖通过使用驯象拉拽的"修罗车"，以北回路和南回路两条路径被运上山顶，而今山丘斜坡上还留存了道路痕迹。而堆积基坛所用的大量土砂也是搬运至此的。这是一项使用人海战术的艰巨工程，据说被动员去现场建寺的人员就达到了10 000人。

该城是吴哥首座真正意义上的都城，也是在自然丘陵上耸立起来的镇护国家型大寺院。环

图14 罗莱寺砖造基坛上镶嵌的守门神杜瓦拉帕拉

绕第一期耶输陀罗补罗的环墙筑堤，自南向西延伸8千米，并留存至今。都城的形状是边长4千米的正方形，其东面为正门。城内以巴肯寺为中心建造了周边城区，高官和差役住的木造大宅都鳞次建造于此，而相传耶输跋摩一世的王宫则建在巴肯寺残丘北面。

根据耶输陀罗补罗都城的修筑计划，巴肯山的外周被掘削出宽50米、长436米的长方形环沟，东塔门下还立有两座宏伟的神明像。东斜面的大台阶则用红土建造，沿着它往上走，可到达巴肯山小丘陵的顶部，顶部进而修造了延伸到寺院、笔直且精美的参拜道路。巴肯寺是具有五段正方形的基坛的山岳型寺院。最接近地面的第一基坛的边长为76米，最上端的边长为7米，巴肯寺也是高棉建筑中第一座全部用砂岩建造的寺庙。

具体呈现柬埔寨版"须弥山"

巴肯山原本是自然的丘陵，把它选为"神即是王"祭祀林伽仪式的大舞台，有许多有力原因。它具体呈现了模仿须弥山建立的柬埔寨版的神秘圣山，即巴肯山印度宇宙观中的须弥山思想放到凡间而具体呈现的柬埔寨寺院版本。纵观巴肯山寺院的全貌，就能够确认高棉建筑的象征体系和当时人们心目中宇宙世界的缩略图。

最高台阶处用砂岩建造的五座祠堂配置为五边形，而在吴哥建筑中，巴肯山的寺院最早采用了这种形态。它的中央祠堂的一层位于高筑基坛上，祠堂的开口部位于四方并向人们敞开。中央祠堂的大女神浮雕像，是在美术领域评价很高的浮雕雕刻。而巴肯寺的主神是耶输达纳湿婆拉（耶输跋摩一世与湿婆神合体的新林伽）。大概在907年，该主神才被放入到寺院供奉祭祀，而这距离建设巴肯寺已经经历了18年的岁月。

初期都城的建造与支配领域

建设都城其次要考虑到的是，到底在现场需要集合多少建筑人员才能完成目标营造的建筑规模和数量。例如，罗洛士遗迹群中代表性的镇护国家型寺院巴空寺，用土砂堆积了五层基坛，为了防止土砂崩塌，在基坛外侧用红土砖石进行了防止塌方的工事，并进一步在其外侧用砂岩作为装饰石铺堆开来。堆积建造基坛作为一项大工程，在当时没有任何可参考的过往经验，概略计算这些建筑所需的石材用量，可能是过去建造寺院所用的大约10倍。建造罗洛士所用的土砂是挖掘环沟留下的土石，红土则是从附近的地下挖掘出来的，通过在晴天将其晒干变为石材。然而，砂岩是在距离罗洛士约30千米的石料场经露天挖掘得来的，雨季时流经附近的罗洛河水量增加，人们才得以用竹筏把砂岩石块载入水中，利用浮力将它们搬运到罗洛士。

堆积石料采用传统技法，在砂岩石与砂岩石之间撒入少量的水、砂石和盐的混合物，再砌挤它们，通过石材砖石的堆砌将石壁堆建起来。这是没有使用黏合剂的本土独特建筑工艺。除了在881年建造完成罗莱寺和在因陀罗塔塔卡巴莱引入雨水之外，吴哥人还发掘了荔枝山丘陵的水源，为了避免干涸，还专门引罗洛河的水流入巴莱中。对建立在诃里诃罗洛耶城中的三座寺院来说，巴莱都位于它们下方位置，沿着斜坡呈段状配置。环沟将各个寺院包围起来，它们之间相互连接，用于灌溉和储备水源。试着计算一下可知，运用热带季风所带来的雨季雨水和罗洛河自身的河水，据说能够滋润5 000平方米的田地。

残留在各地的碑文都记载了耶输跋摩一世，根据它们可以判断出以往国王统治的领域。根据碑文可知，此时国王的统治范围自北从老挝湄公河河畔，扩大至泰国港口庄他武里和今越南南部的河仙，疆境边界直至缅甸附近，甚至延伸至海边、占婆和中国。碑文中所说的中国指的是南诏国（649—902年，位于中国云南地区的王国）。这些碑文还叙述了国王面对"张开白帆数千舟楫所载的兵士"取得了胜利，这大概指的是当时曾遭遇占婆海军的进攻。

追随耶输跋摩一世事迹继承王位的其子曷利沙跋摩一世（910—922年）维持了10余年的统治，但他几乎并没有拥有政治性实权。这位国王在吴哥地区仅仅修建了名为巴云寺的小型祠堂。923年曷利沙跋摩一世匆匆离世，其弟伊奢那跋摩二世继承王位。此时，国王统治的领域不再覆盖吴哥全境，而这位国王大概是在928年稍早的时候过世的。这个时代遗存下来的建筑就是吴哥地区具林伽造型的豆蔻寺（Prasat Kravan）以及另外一座以"黑色贵妇"闻名的黑姑娘塔（Prasat Neang Khmao），这座寺院位于现在柬埔寨南部的茶胶寺附近。

被动员起来整备新都市基础的人力资源

本节接着探讨耶输跋摩一世时代建造的东巴莱堤坝。该堤坝的横断面呈梯形,基底部约长120米,顶部约长15—20米,高约10米,它留存至今。根据这些已知的基础数字,大概推算每1米的堤坝使用了700立方米的土砂。因为建造寺院时利用挖掘环沟的土砂完成了寺院的基础工程,所以估算为此也搬运了1 200万立方米以上的土砂。

美术史家乔治·格罗利尔(贝尔纳·菲利普·格罗利尔的父亲,父子两代都是吴哥研究者)提出了修建寺院所必要的人力资源方案。他以接近泰国国境的班蒂奇玛寺(13世纪)的建立为例,来试算建造其所耗费的时间和参与建寺的人数。他根据这一实验数据,推算出以下比例:1人1天运输30米距离的土砂量大约为2立方米。按照这个数字推算,粗略估算东巴莱仅堆积土砂就需要600万天。如果有6 000名建造者,而且在建造过程中还有其他人加入的话,理想的完成数字为1 000日后,也就是大约3年之后。而这还是在建寺者全员365天无休完全投入工作,并不包括恶劣天气影响下试算出来的结果。

889年开工的东巴莱,并不是在3年后的892年完成的,竣工时间大概是在之后的时代。虽然动员了全体人员参加,但除了建寺者之外,还必须加上现场监工、职长、班长等工作人员。而计算为这些建寺者提供口粮的人口,则应以该人员人数的5倍、6倍或者以上为宜。仅仅吴哥一个地方必然无法征集这么多建寺者,大概还需要在全国施行缴纳赋税后的动员体制。邻近的村民们在雨季耕作自己的田地，到了旱季为了积累村民全员的功德，似乎也来到建寺作业现场投入劳动中。

在完全倚靠手工作业的时代，能在多少程度上确保人力资源决定了建寺作业完工的日程。尽管碑文中并没有谈及，但可以推测这些建寺者中，也有听闻在现场可以吃到饭的消息而从邻近地区簇拥而来的集团。建寺者队伍包括了占族人、孟族人、暹罗人、山岳少数民族等，他们在建寺现场都得到了稻米补给。而暹罗人（泰国人）当时作为吴哥王朝的雇佣兵，达到了数万人，吴哥都给予了他们报酬。这群人在建筑现场附近造起无需地基的简陋板房，并召集自己的家人共同寄居于此。在寺院完成之前的5年至10年内，许多居住者都在建寺现场生活，而在王宫工作的人们也得到了补给报酬。

耶输跋摩一世治下的工程现场，并非只有东巴莱一处。虽然他治理时代的大型工事是有限的，但907年吴哥还完成了前文中所述周长为16千米的耶输陀罗补罗都城，以及都城顶上中央地区的镇护国家型寺院巴肯寺，并在寺内安置了德乌拉夏神（即Devaraja）的本尊。根据乔治·格罗利尔的推算，建筑所用石材和石造林伽的体量达到约8 000立方米，这在吴哥时代建寺工程史上也属于划时代的大寺院。耶输跋摩一世还进一步着手建造西巴莱。而仅西巴莱堤坝的一侧，经推算就必需500万立方米的土砂。将这些营造和建设全都考虑在内的话，就可以判明国王的建设事业是在空前的人力动员体制下实施的。

宇宙之主就是国王

图15 梵语碑文中记有"KJTR"的称呼（见于班蒂库玛寺入口的柱子）

回溯起来，"神即是王"信仰在古高棉语"Kamaraten Jagat Ta Raja"中是"宇宙之主就是国王"的意思。梵文碑文将此用"Devaraja"（德乌拉夏）记载下来。国王的林伽是以婆罗门为中介，从湿婆神那里授予国王王国守护神的身份；与此同时，林伽中还寄寓着"细微肉眼见不到的灵魂"，碑文将它表述为与国王合体的湿婆神分身。从印度传来的湿婆神信仰，与被唤起的土著信仰一道，借助着湿婆林伽的崇拜形式，让林伽在柬埔寨这块土地上扎根。其中深藏着国王以及成为地区村落长官的祭主、祭司们的祭祀仪式和供养规则。

"神即是王"宗务世系的交替

从印度到来的诸文物，经过漫长的时间与柬埔寨土著宗教诸要素混合、重构。在柬埔寨，祭祀信仰与王权结合起来，扩大到王国的规模，形成了"神即是王"的信仰对象。处于世俗权力顶点的国王，受到婆罗门和其他宗教者的保护和优待，他们侍奉于王权统治体制的利益，让国王的统治基础成为了神圣的部分。同样是宗教性权威的婆罗门阶层，辅助了世俗权力者的信仰向心力，也寄生在他的权力内，保持了他们自身的地位和身份。吴哥通过教权与世俗王权的平衡，维持了世俗王权的延续。下文将根据10世纪前半叶阇耶跋摩四世（928—941年）以王位篡夺为契机而展开的历史为中心，围绕碑文史料，探讨新旧的政治、宗教两大势力角逐产生了怎样的政治性、宗教性争执。

直至10世纪20年代，吴哥的都城依然延续着自耶输跋摩一世到曷利沙跋摩一世以及伊奢那跋摩一世以来的统治样态和格局。否定吴哥旧都的阇耶跋摩四世于921年起兵发动政变，在距离吴哥向北130千米的贡开城牢固发展。碑文记载"阇耶跋摩四世奔赴贡开城，为了其统治从耶输陀罗补罗迁出，与此同时，德乌拉夏信仰与其随身而行"（K.235）。

阇耶跋摩四世将此时的德乌拉夏本尊冠以"托力崩巴列斯巴莱"之名，并将它的林伽带到贡开城安置起来。

于贡开即位的阇耶跋摩四世，重新任命了伊奢那穆谛为宗教专务官。伊奢那穆谛是希瓦卡瓦亚家族的子孙，过去曾经担任德乌拉夏信仰执行者的宗务官，但后来被排除在祭祀宗务官之外，迁移到地方，成为世袭家族的旁系。而到了这个时期，新的政治势力与新的宗教权威自921年起就各自表态主张自己的正当性立场。此时，新获王座的国王以及德乌拉夏崇拜的新宗务者，已经与过去旧有的正统派势力存在着表面上看不到的深刻矛盾，随着时间发展，矛盾不断扩大。因此，在阇耶跋摩四世起兵政变之际表现出的"世俗"和"神圣"的动态，反映出政治势力和宗教权威之间的相互连带和依存关系，而这也是解读古代柬埔寨史的一个重要关键点。迁都贡开，使得新的政治、宗教两派势力在新都城里，确立了原来在旧都和旧宗务者居所无法实现的新体系，最终否定了旧有权力者的势力。

吴哥城和贡开城两政权的并立

阇耶跋摩四世与当时按王统谱系继承依然在位的曷利沙跋摩一世之间，还发生了战斗冲突。当时，曷利沙跋摩一世依然在吴哥城维持统治。因此，921年至928年存在着吴哥城和贡开城这两个并立的政权。阇耶跋摩四世在贡开建立了与吴哥相匹敌的都城，并相继建设寺院群、贮水池，贡开邻近的地区也自然而然顺势成为以稻田为中心的地方经济基地。阇耶跋摩四世将伊奢那跋摩一世之妹阇耶蒂波册立为王妃，从而缓和了他篡夺王位的不正当性，并由此主张他也拥有正统王位的继承权。

如前文所述，以阇耶跋摩四世为基础而担任KJTR的新一代宗务官是伊奢那穆谛家族。而在吴哥旧都，在曷利沙跋摩一世和伊奢那跋摩二世的统治之下，从事KJTR的宗务官是库马拉斯巴米。他在伊奢那跋摩二世去世及完全失去势力之前，一直都在吴哥担任和从事宗教祭祀。

宗务两家系的二人祭祀官

政变最终导致柬埔寨国内的政治势力分为贡开与吴哥两派，

由此，宗教权威方面也展开了分派、割席和复权等一系列的变动，历经数年或是更久。从事德乌拉夏祭祀的祭祀官，由库马拉斯巴米和伊奢那穆禘两人分别在吴哥、贡开两地担任，他们依照国王命令各自从事自己的宗务。这二人原本是亲族。前者得到了曷利沙跋摩一世授予的土地，并创建了名为库底的村子，将该地作为他亲族的常驻地。库底村位于吴哥东面，执行德乌拉夏信仰的正统宗务者们代代居住于此。库底的现在所在地位于邻接斑黛喀蒂寺的地方，直接面对着皇家浴池（Srah-Srang）。

属于旁系的伊奢那穆禘在阇耶跋摩四世治下，重新确立了新的宗务家系，并且从新国王那里获得了他们家系居住的新村落。从此之后，伊奢那穆禘一族执行着德乌拉夏祭祀仪式，而后继承并成长为名实合一且唯一的专门宗务家族，最终将库马拉斯巴米系统的家族排除在外。王位的篡夺也带来与王位紧密相连的德乌拉夏宗务家族的更替。

伊奢那穆禘宗务者家族的根脉

在靠近扁担山脉的斯多库兰莱村，被排斥在从事德乌拉夏祭祀特权之外的伊奢那穆禘家族受国王之封，当时就居住在此。伊奢那穆禘家族是从本家所在的库底分家迁出的一个支系。碑文上也谈及他们家族的事迹。伊奢那穆禘出身于移居到斯多库兰莱村的分家，他们一族是早在耶输跋摩一世时代就从库底迁居的旁系家族的女婿家族。据碑文记载可知，从库底分家迁出的家族，"没有获得从本家那里继承职务的权利"，由此可见，他们已经被排除在从事德乌拉夏祭祀的特权之外。

伊奢那穆褅宗务官受召从斯多库兰莱村迁出,在贡开担当德乌拉夏的祭祀官。斯多库兰莱村的人们因为伊奢那穆褅,而重新回到从事德乌拉夏祭祀的正统家族位置,恢复了世袭继承德乌拉夏祭祀的特权。

为了正当化这个世袭宗务家族所取得的特权,国王授意专门撰成文章刻成碑文,而精细地考察其内容,就可发现而后触及到的诸多矛盾。

在古代柬埔寨,政治权力势力与宗教性权威的家族间维系着依存共助的关系,并确保了国王的权力。政治权力势力维持着王权的世俗性,宗务家族则成为王权神授和权威的背景。宗务家族向诸国王灌输柬埔寨的宇宙观并主张宗教性权威的实力,令国王们最终实现了建设宏伟的大寺院的设想。

第五章
推进吴哥再迁都的国王

阇耶跋摩四世与地方都城贡开

如第四章所述,吴哥王朝于921年由国王的心腹、而后以阇耶跋摩四世为名的高官发动政变,从吴哥都城带走了德乌拉夏神本尊,在吴哥北部约130千米的贡开地区称王。

这位高官是原本继承王位的曷利沙跋摩一世和他弟弟伊奢那跋摩二世的伯父,由于先王耶输跋摩一世迎娶了他妹妹嘉托薇为正室而成为王室血亲成员。尽管他自称为王,但依当时的惯例王朝并没有承认他,仅将他视为贡开地区的行政官加以利用。实际上他于921年以贡开为根据地,为了彰显其作为国王的位阶,着手营造新的都城。而这位新国王的确是当时吴哥国内实力第一的强势人物。

直至942年阇耶跋摩四世去世,在极为短暂的20年时间内,国王在贡开新都约35平方千米的城内,渐次建设了许多寺院,积累了实际政绩。而且他还效仿吴哥都城建造了巴莱(贮水池),

这使得当地实行一年二期的田地耕作成为可能。该巴莱也被称为"莱哈尔"，其面积为0.672平方千米，而"莱哈尔"与当时吴哥地区的东巴莱相比，只属于朴实无华的普通贮水池。

新概念下的新都城贡开

在短期内完成建造新都城的巨大工程是困难的。尤其是该地处于岩石地表裸露在外的高原地带，属于地表坚硬的土地。与吴哥地区的扇状平原地带不同，由于它本身的自然地势，致使在建造新巴莱"莱哈尔"时实施了挖掘山体岩石的削掘作业。

921年，阁耶跋摩四世以贡开为都城擅自称王，而后直到928年其王位才得到正式承认。在此之前依然选择留驻在吴哥观望两政权发展态势的高官们大多都是务实派，他们为了侍奉新王，用二头并驾的牛车运载各类生活用品，纷纷奔赴贡开，进行了大迁徙。

新都城也推进了三建筑组合的工程，讲究大排场的阁耶跋摩四世想要将贡开像吴哥城一样建设为富丽豪华的都市，认为这是彰显其实力的必要之举。在此情势下，贡开都城中心部分（未完成）边长1.2千米的正方形巨大城墙亦得以建成了一部分。新都城贡开的中心部分，建起了名为普朗寺的金字塔形镇护国家型寺院（底部基坛边长为62米），它共有7层基坛，最顶端为木造的祠堂。而在其附近建造出人工的大贮水池巴莱，工程似乎更为艰巨。除此之外，当时还有以30处小石砖堆建的新祠堂和新寺院也在建造之中。国王于921年至941年在位，历时20年。在此期间，阇耶跋摩四世从吴哥都城迁出，在新建之城贡开，他将建造三建筑组合视为主张他篡夺王位正统性的必要之举，完成了巨大工程。国王原本是地方出身的大富豪，他建造了大都市、大寺院、大林伽、大王宫等彰显豪华的巨大建筑，使从吴哥迁出至此的人们安心定居，并持续否定依然在吴哥存续的旧政权。

图16 赤色祠堂库拉哈姆寺（贡开都城）

迎合宏大喜好的建筑

在建筑所用的石材方面，由于贡开地区砂岩的表层都处于裸露状态，露天的采石场就在附近，故搬运起来相比在吴哥地区要容易得多。尽管如此，搬运工事依然倚赖人力。重要祠堂皆呈林伽造型。其中最具代表性的，当属"赤色祠堂"库拉哈姆寺，作为贡开城东面的大型塔门，体现出高超的建筑水平。其中供奉祭祀了五面八臂的"舞蹈的湿婆神"石造雕像。遗憾的是，该雕像已被破坏，仅胴体的部位保留尚好。从残存的其他部位来看，也能感受出它是光辉灿烂、品质极高的雕像。

谈到贡开遗迹的建筑特征，可用"喜好巨大"来概括。贡开都城本身给人的印象就是柬埔寨风格的巨大湿婆型寺院。此地具有超出规格之外的林伽、湿婆神的神妃建筑雕塑，它们占据了都城大部分的面积，并以大胆的方式被描绘刻画出来。贡开美术构筑了其独创的"美学世界"，创造出具有代表性的雕像作品，向人们展示此时既是政权混乱的时代，同时又是"巨大变革的时代"。宗教传统主义和建造巨大建筑的志向伴随着时代变革下纤细敏锐的造型感而发展，其中独特的原创性体现在雕刻容貌的逼真性、充满灵气的巧妙性以及神像的矜持单纯化等元素之中。其中知名作品当属"二人斗士像（格斗神与湿婆）"全身塑像（金边国立博物馆藏），身着衣裳的一方大概就是神，而另外一方则是阿修罗。塑像材质为砂岩，高0.8米。造像年代为10世纪40年代，发现地在托姆寺。贡开地区在牢固的地基条件下，顺利地推进寺院的基础工事，941年按照最初的计划着手建造都城的环墙。而建设吴哥城时独特的技术诀窍，只有部分在贡开得到运用。

图17 拥有7层基坛的大庙，即发现二人斗士像的地方

本节试着将在贡开建设的寺院与在吴哥地区建设的寺院进行一番比较。吴哥时代的寺院建筑工程，是以河砂作业为基础（在防水基础上加固改良河砂地基），堆积数段红土烧制的砖块（红土是富含铁、铝的土质，将其切割并让其干燥硬化，使其成为适宜堆积建造的石材）。正因为如此，它的基础工事显得简略，有人甚至指出"吴哥建筑没有基础"。而在十分扎实牢固的河砂地基上经

常进行加固改良，可使得地基稳固，土地耐力变高。但是河砂的结合性很弱，一旦基石松动，容易使地基随之一起移动，这也是在此基础上建造的房屋会在不同程度上下沉的原因（由于地基不均匀而造成建筑物倾斜）。因此，地基的强度依存于完善的防水工程，这一事实也已经通过实地调查明确下来。例如，巴空寺（881年）、茶胶寺（1000年）、吴哥窟（12世纪前半叶）等大寺院基本上见不到地基歪斜的情况。建造在如此地基上的石造建筑，貌似只用到砂岩材质，实际上是采用了红土砖石将它牢固地支撑起来的。无论红土砖石还是砂岩都是重量巨大的石材，最大的砂岩用到近4吨的巨石。尤其是吴哥窟的十字形台地的顶部，是由直径近2米的巨大方形砂岩像底石一样进行自下托举。

再度迁都到吴哥

941年，阇耶跋摩四世的王子曷利沙跋摩二世在贡开即位。但仅过去两年多后，944年，罗贞陀罗跋摩（944—966年）攻击贡开城，曷利沙跋摩二世与之交战后最终败北，致使罗贞陀罗跋摩政权再度迁都到吴哥城。

回到吴哥的新国王实际上是曷利沙跋摩二世的堂兄弟。他的母亲玛恩陀罗托薇是耶输跋摩一世和阇耶蒂波的姐妹。在关于这位国王的碑文上，有"无论从年龄还是美德"上都可称为新王的记载，是表达他取代前任国王曷利沙跋摩二世的称颂之辞；也正是由于他属于王家的血脉，碑文才会破例用这种方式来记载。从中能够读出欲将夺取权力的事实正当化的意图。

罗贞陀罗跋摩痴心崇拜曾经的伟大国王耶输跋摩一世，他也决定在吴哥新建一座都城。碑文中指出，"国王恢复了长年空置的耶输陀罗补罗城，欲在地上建造出像马欣德拉王宫那样拥有黄金祠堂的宫殿，以体现出该都城壮丽的魅力"（K.235）。这里所说的"黄金祠堂"，大概就是国王当初建造的空中宫殿的原始样貌。国王再度整备耶输陀罗补罗，开展实施复活过去王都的建筑工事。

罗贞陀罗跋摩最初的事业是修复巴色占空寺（Baksei Chamkrong），碑文将这一事实记载为"国王用柬埔寨特制漆涂饰该祠堂，增添了其华丽，并在948年2月23日祭祀该祠堂的主神湿婆"。

地方行政制度的创设与向各地派兵

罗贞陀罗跋摩的支援者稀少，只能从始至终地平定国内针对他的大小叛乱。而随着征战结束，国王还要求地方的长官和土侯们向其效忠并参与到其政权中。

从当时的实情来看，地方诸侯们已经从中央政权的庇护伞下脱离，具有十分强烈的独立倾向。国王必须将这些地方政权再度纳入自己的统治。然而，国王判断恢复到分裂叛乱之前的完全支配统治状态需要耗费时间，为了给地方诸侯加入自身提供方便，他创设了以"维加亚"（州）为地方行政单位的制度。然而，主张拥有与国王同等地位的地方诸侯却并不认同这种新创设的州制度，因为这些地方王侯还想伺机篡夺王位。

国王在实施行政改革的同时，又在攻略邻国占婆，碑文（K.235）有载："遵循国王命令的战士们将占婆的王都毁于灰烬。"

这一举动也是国王向国内诸侯展现其实力的示范。罗贞陀罗跋摩治下的碑文如此记载："国王的光辉通过烧毁以占婆为代表的帝国而体现出来。"碑文所述内容指的大概就是945年至946年吴哥向占婆发动远征之事。当时，高棉军侵占掠夺了占婆芽庄（今越南南部的都市）天依女神庙中的黄金塑像。罗贞陀罗跋摩远征的足迹，在如今泰国东北部都能找到许多。国王镇压了这些地区的独立倾向，使得他实际控制支配的领域逐渐扩大。

东巴莱南岸的新都城

罗贞陀罗跋摩治下，贤能的高官辈出，最具代表的例子便是拉伽·库拉马哈马托林（王室的主席顾问官）。他发挥了摄政和宰相的作用。而高官加文多拉利马塔亚是参与新都城、王宫和镇护国家型寺院建设的实务官，这位高官同时还是军团长和建筑家。碑文赫赫记载了他营造大型建筑的事迹，这些资料作为国王恢复昔日治世的记录，十分珍贵。

罗贞陀罗跋摩寻求新都城的建设用地，选择了他伯父耶输跋摩一世建造的东巴莱（耶输达塔塔卡）南侧的广袤土地。他进而再度活用了这座巨大的东巴莱贮水池，扩大了水稻耕作地，貌似还实施了重建比粒寺（Pre Rup）的工程。而罗贞陀罗跋摩的都城，似乎并没有建造环墙。邻近东巴莱的地方并没有广阔的地皮，可能是用东巴莱的堤坝取代了象征"深海"的环沟。

952年，国王在东巴莱中央的人工小岛上建设了东湄本寺。该寺院的五边形祠堂内安置着毗湿奴神和梵天神两座神像，中央祠堂则放置着涂上金箔的国王林伽。中央祠堂的主神名为"罗贞陀列湿婆拉"。碑文记载，953年吴哥开始供奉该主神。

罗贞陀罗跋摩治下现存的镇护国家型寺院仅有比粒寺，除此之外没有留下其他遗迹。

贮水池皇家浴池与镇护国家型寺院比粒寺

高官加文多拉利马塔亚为了彰显自己的功德，谋求轮回转生的便利，建造了小寺院巴钦母寺。该寺院于953年举行了寺院落成仪式，进而在其周边形成了村落并建立起小型城镇。该寺院的北侧是贮水池皇家浴池，碑文（K.235）中还有"本巴莱是基于以之为生者利益引导而成的池水，请驯导象群无论如何不得入内，因为会导致堤坝崩溃"的注意事项书。

图18　东西长700米、南北宽500米的皇家浴池，在附近有曾出土瓮棺墓的公共墓地

高官加文多拉利马塔亚还在皇家浴池附近建造了另外一座祠堂和村落——库底·西瓦拉。早在耶输跋摩一世时代，皇家浴池的西侧一带就已经有数座印度教的僧坊。到阇耶跋摩七世治下，在同一宅基地的地方建起了而今依然留存的斑黛喀蒂寺。

自皇家浴池向东约700米处，建有比粒寺，此处还建起了当时都城最宽的大道。比粒寺是罗贞陀罗跋摩国王统治最繁盛时期建造的山岳型寺院，其寺院名称有"改变身体的朝向、里外颠倒"的意义，据说来源于当地的土地传说。

图19　留存于比粒寺的女神像，以漆泥装饰

该寺院正对着东湄本寺的正南面而建。这里曾经是耶输跋摩一世所设立的湿婆派阿什拉玛的建筑地。僧坊中还留存了容纳石碑的碑文小屋。比粒寺于961年至962年初，即东湄本寺落成约8年之后安置了印度教的柬埔寨版诸神。

宝石般的寺院女王宫

罗贞陀罗跋摩治理时期属和平时代。大量拥有专业技能的实务高官、辅佐官吏和负责专门领域的高官都被召入宫廷。其中有一位忠实的谏言者，即拥有帝师称号的耶输里乌拉哈，他是下一代国王

图20　被称为"吴哥美术至宝"的女王宫基坛上的三祠堂

阇耶跋摩五世的帝师，也是先王曷利沙跋摩一世之孙。国王将距离吴哥东北方向约30千米的荔枝山丘陵的山麓中有暹粒川流经的土地赐予这位国师。这位国师进而在此处创设了村落，并从全国召集优秀的雕工和石工，与他的弟弟共同建造了著名的女王宫。

按照官方的记载，女王宫寺院是在罗贞陀罗跋摩二世治下开始建造，到他的儿子阇耶跋摩五世统治时完成的。实际上，这里还建造了国师耶输里乌拉哈的菩提寺。女王宫长年掩埋于地下，其优良的保存状态和装饰的豪华程度引人注目。该寺院也是吴哥时代诸寺院中最为华丽优美的，用吴哥遗迹中的"宝石箱""至宝"这类词语来形容它最为合适。女王宫寺院的雕刻好似是在金银首饰上进行细微精致地装饰，可谓是高棉艺术的一大成果。

分析菩提寺整体的设计，首先就会对寺院建设在如此狭小的场所里而感到惊讶。从女王宫建筑群的第一外墙东塔门至西塔门共200米，而中央祠堂前堂入口的高度只有1.08米。中央祠堂两侧壁龛中所容的是守门天，南北祠堂中则雕刻着女神蒂娃妲的立像。

女王宫所用的石材是锰含量很高的红色砂岩。女王宫是建筑材质、配置质量都屈指可数的寺院，其均衡性的配置也毫不弱于装饰，属于完美之物。而女王宫的复原工程，也是而今文化遗产保存修复领域的一项典型范例。

图21 被称为"东方的蒙娜丽莎"的女神蒂娃妲像，安德烈·马尔罗也被其美丽所吸引

呈炮弹形的三祠堂由五层构成，从塔身向顶部，越是向上雕刻的神像就变得越小，这是利用了人们眼睛产生的错觉，使用了远近构图法。在众多纤细柔美的雕刻中，都有实际尺寸为1米的"手持花枝的蒂娃妲"的小立身像，这是将印度式美术手法中的身段"三屈法"转化为柬埔寨式的表现形式，其端庄美丽的仪容也被称为"东方的蒙娜丽莎"。女王宫前堂的装饰图案则是类似于棋子相互交错的挂毯艺术装饰。这也是十分了得的建筑装饰手法。

这些祠堂全部采用凹凸有致的形态，建设在T字形台地上。为了与台地上各种建筑相得益彰，女王宫就设计出类似于炮弹形的突出部位。

85

图22　藏经楼的博风板浮雕

南北并列有两座经堂，其西侧是真正的入口，东侧则是伪门，它们各位于王宫第三外墙的东北和东南角，从两侧拱卫着中央塔前方的堂屋。尽管它们是用砂岩建造的，但其中许多建筑都填充了红土。各类塔门上都有精美的三角形博风板，其顶部是优雅的旋涡状图案装饰。西侧出口则置有一座面朝寺院的小公牛难丁。西塔门为林伽造型，目前只留下了小圆柱、门楣和入口门。

女王宫的第一外墙用红土建造，长109米，宽54米。其内侧为宽敞舒适的格局，它原本是蓄水渠，象征着大海，在这里建起来的寺院看上去就好比浮在海面上一样。

拔掉界桩事件与审判

可以判明，在罗贞陀罗跋摩国王治下，通过法律审判能够确保社会正义得到伸张。这个结论是通过研究碑文史料而得出的。围绕土地展开争夺是无论哪个时代都经常发生的纠纷，这个时代的吴哥也有围绕土地界桩而诉诸法庭的审判记录；本节将对其进行讨论，来探究如何通过审问确保柬埔寨式正义，并检证其可行性。

该审判记录记载于勒阿库·塔·切列库碑文（K181，962年）中，是关于拔掉界桩而横夺货物的一桩案子，碑文记载这桩案子还是奉国王之命而决定开设法庭审理的。这是旧都贡开发生的一起地方官吏主谋的贪赃枉法事件。

土地田产的所有者V.邱乌状告位高权重的地方官、毗罗补罗的郡长，指控他拔掉了基于国王之命的田地界桩并贪污了邻村收成。国王受理了该起诉状，并依照程序推进该审判。

该田地最早的土地所有者是演奏乐器的乐师，乐师而后将田地出售给两名下级官吏，还将田地划界的登记资料交由此二人。当时柬埔寨的差役还具有专门登记土地的职能。而后，这两名官吏又将土地转卖给V.邱乌一族。当时作为转卖条件，两名官吏获得该土地缴纳给相关寺院的部分收成。

法庭承认了V.邱乌一族的主张，判决两名官吏败诉。法律判决行使不法行为下达命令的郡长有罪且处以罚金刑，依然属于从轻的处分。但是，郡长的弟弟是实行拔除界桩的首要谋划者，他还指挥了横夺米粮行动，其手下V.阿姆尔塔还做了伪证，由于上诉诸原因，他被处以鞭打102次的笞刑。法律还判处了参与此次土地纠纷、进行程序性引导的手下V.比特有罪。V.阿姆尔塔和V.比特这样的手下是郡长身边的人，故可以看出，郡长的弟弟实际上是利用其兄权限保护伞在实行违法行为。

吴哥时代虽然推行宗教性色彩强烈的统治，但也行使与行政密切相关的司法权，基于平等而执行公平的法律判决，以此来维持社会生活的和平与秩序。这是自公元初年起历经数百年的印度法律体系传播至柬埔寨进而形成的柬埔寨本土版司法，它最终建立起柬埔寨法律体系并发挥它的职能。

碑文中所见的司法制度

在绝对王权之下，吴哥时代的司法制度到底如何发展，又是怎样的法律专家在法庭里共事呢？本节试图通过精查碑文来分析。

法庭分为首都法庭和地方法庭。法官受国王任命而行使职权，他们并不是专任者，而是兼有其他职务。从以往的判例来看，往往是王族出身者、高官、宗务官等从事法官职务，实行审判工作。"陪审判官"指的是在审判过程中担任参与审判官职务的人，他们也属于兼职者。他们从事审理诉讼和判决，与法官相比，他们的社会地位更低，实际上是从事辅佐性质工作的判官。

除此之外，还有看名称就可明白的官职——"是非检察官"，他们是完成诉讼程序的基层调查官，固然也由高官兼任。"法庭记录者"，顾名思义就是任法庭书记官职务的兼职官吏。"法庭查察官"是为了究明案件情况赴现场从事调查活动的小官吏，这个职务也是兼职。而"吟诵者"则是时常出席法庭，在法庭上念诵与审判内容无关的印度法固有语句，证明法律判决受到神秘王权加护的陪审员。

"司法调查员"是（预审判官和兼职者）赴现场调查，听取诉讼者和犯罪者证词，并在暗中采取秘密行动的调查官。"司法事务长"是接受法官的命令和指挥，为开庭做各类准备的协调员。"不动产调查官"是确定土地所有的调查官，具有很强的权限。当时，围绕土地的划界纠纷繁多，尤其是洪水过后关于确定所有土地的纷争。助手和辅佐官奉法官之命辅助审判工作，这些法律专门人士构成了整个司法系统。

诉讼手续与审判

从告发开始至判决的整个诉讼手续，由告发—反诉—事前调查—审理—判决组成，本节进一步对该程序进行考察。

根据与元朝使节同行的周达观所著《真腊风土记》所述，"民间争讼，虽小事，亦必上闻"。若想向国王提出诉状，必须通过国王的侧近人和高官。接受了该诉状后，国王借助熟知司法者的力量审理案件。国王还会委任法庭对案件进行进一步讨论审理。总之，在接受了告发诉状后，首先会对案件的事实关系展开调查。

而其具体的程序，首先是由担任"预审"的小官吏传唤当事双方，听取案件事情原委后撰写成调查书。这个过程中，各类证人的证词都会被听取。接着进行的是会传达给国王的案情听取工作，法庭展开进一步的审理，历经较长的时间最终进行判决。然而，判决前大概要进行各类事前工作。尤其是地方法庭，还存在着因为了解司法的人手少而并没有进行深入调查的情况。

979年的碑文（K.257）中记载了以物品付利息的借贷事件。地方势力者、被冠以村镇之王称号的纳拉帕依·威瓦尔曼给拳手家族放贷了需付利息的种种生活用品，不支付本息的相关人员将直接交由法庭处理。在这种情况下法庭将精算其借贷物品，并最终偿还了结借贷关系。这属于强权性质的审判。

诉讼者必须提供正当的理由证明。成为被告的人物，首先必须清晰地表达诉讼内容是属实公正还是无事实根据。法庭官吏们则须调查证人的证言和证据文书，参考罪与罚的习惯法、法源和过往的判例，下达判决。而除了这种正式审判，似乎还存在着"调停制度"。

当时的法庭相关人员以实地调查和传唤证人为中心进行案件审理。从这个意义上看，它历经了十分严格的手续。吴哥窟第一回廊南面的浅型浮雕上就描绘了做伪证的人堕入地狱遭受酷刑的场面。这一时期十分重视证人，故碑文中列举了许多证人的名字。他们都是在向国王和富裕者供奉土地时，见证了设定土地界桩的证人（K.205），而到土地划界和买卖时，碑文又再度记载了40名证人的名字。当时的法庭将证人的证词视为决定审理结果的关键证据，因此，证人们发挥了重要的作用。

与现代社会一样，当时围绕土地而展开的纷争繁多。柬埔寨最值得信任的差役办事所是登记所，以往各地围绕着土地界桩以及土地所有归属的问题频发。根据碑文K.262的记载，塔普伦地区所在的稻田就发生了7桩土地纷争，法庭不仅传唤了当事者，而且还传唤了4位村落长老出庭做证。法庭在此基础上展开调查，最终在983年解决了这些问题。

审判的证据物件

当时，为了使审判顺利进行，客观性的证据物件比其他物件都重要。其中还存在一些例子，证人在为被告人辩护进行补充陈述时，提供了证据文书，这使得原告和被告的处境发生逆转，最终出现了原告被判有罪的判决。

当时，记载土地所属界限的"登记簿"是记录在贝叶上的，这些记录被反复用来作为确认的证据（K.207）。其他碑文中还记载了贝叶书写从业者（K.270）。从碑文中可以判断，国王还赐予一部分高官封地，铜制薄板上的证据文书记载了国王册封的王命。

当时的重要法律行为都按照一定公式记载在贝叶文书、皮革文书、石板刻碑文和铜制薄板等上面，并被保存下来。尤其是国王命令、土地买卖、供奉土地、土地受领和土地划界等记录，都在现存的碑文中有所列举。贝叶因用棕榈叶制作而成，无法长期保存，会因为虫害和干燥而损毁，当时柬埔寨也并没有从中国引进纸张。

而碑文史料几乎都没有谈及"神明裁判"，只有在汉文史料中才得以确定，其实它自古以来就得到传承。1296年造访吴哥的周达观，在其见闻录《真腊风土记》中，记载了当地采用神明裁判的事例。根据周达观所指出的内容，在无论如何都无法判别犯人时，为了判定两名嫌疑人之中一人为真犯人，就会施行神明裁判。汉文史料所记载的神明裁判，包括了探烫水（沸油）神判、铁火神判、水神判、猛兽神判、嚼米神判、病魔神判、神水神判等。

当时柬埔寨有碟刑、枷刑和禁锢拘留刑等身体刑罚，而执行这些刑罚的似乎都是酷吏。也就是说，执行各种刑罚的人由具有特别任务的官吏担任。王宫所列举的种种职业中，就特别记载了刑罚的"执行人"一职。

基于柬埔寨式法律诠释的刑罚

图23 脖子被绑在一起并遭受鞭打的五名罪犯（发现于吴哥窟南面回廊的浮雕，由上智大学国际调查团提供）

尽管吴哥时代法秩序体系的法律源头来自印度，但它其实是基于柬埔寨式价值观对其进行咀嚼消化之后的产物。吴哥一方面在法源与规矩规范上力求与印度靠拢，另一方面，在实际运用上，又执行置换了带有柬埔寨本土性解释的刑罚。

其第一个特点是，虽然从印度导入"死刑"的概念和用语，但在实际操作上却并不存在"斩杀""绞死"等死刑。然而，吴哥有着本土色彩浓厚的碟刑和枷刑，处以该刑的结果也会导致死亡。从对碑文史料与汉文史料的比较和探索来看，并不存在斩首、绞罪、穿刺等刑罚。

第二，当时的罚金刑按照社会阶层进行区分，对高官和庶民按不同的级别而实施适用不同的罚金刑。身居高位严加处罚的原则，作为当时实现社会正义的一大理念而被提及。如果村民们无法用金银来支付罚金的话，可以用杖背100回的鞭刑加以替代。实际的罚金可用商品货物、财物等实物抵押。10世纪中叶的碑文，记载了"用耕牛作为罚金"，可知通常情况下，家畜等也成为了抵押品。这种根据社会阶层与职位差别而进行的量刑，成为吴哥时代法秩序体系的特色之一，而后似乎也被继承下来，在近世柬埔寨的习惯法中，也可以见到它的痕迹。

第三，根据《真腊风土记》记载，在抓捕到小偷时，可以立即监禁并对其施行私刑，这也作为当时村落的习惯法被广泛认可。公元前后古印度确立的《摩奴法典》中列出18种诉讼罪行条目，通奸罪也是这18种条目之一。在柬埔寨也通行这样的刑罚：如果通奸女子的丈夫知道奸情之后，可以对通奸男子施行压足刑；而通奸者若支付财物，则可以被免除刑罚。这也属于私刑的处理范围，柬埔寨的习惯法发挥了作用。

一般性的习惯法几乎都是村民在生活中顺其自然而制订出来的法规范，呈现出不触犯法律且认真严肃生活的众生相。

柬埔寨的习惯法针对砍伐树林开垦为旱田的情况，会将该土地归属到开垦者本人。针对专务椰糖的农户也没有征收税金。这是因为在采集椰树汁液过程中由于手滑而从高处摔下致死者甚多，故实行免税。

逃税行为在当时也存在。比如一名笃信者向寺院供奉两头耕牛，将此举称为功德；而后到了雨季耕作时节，从寺院将这两头耕牛以无理由的方式牵出劳作，到耕作完成后再返还给寺院。

柬埔寨的刑罚体系通过报应刑体现了时代精神。恶行有恶报的刑罚概念，集中反映出严罚威吓主义色彩，这也可以说是柬埔寨法秩序的一大特色。

吴哥时代的罪与罚，的确是大量使用了印度法的诸概念、诉讼条目、专门用语，而在刑罚的具体应用场景，则依据柬埔寨本土性进行了取舍选择，依据实情而贯彻执行了社会正义。

未完成的寺院阇耶托拉垦利

罗贞陀罗跋摩去世之后，他的儿子阇耶跋摩五世（968—1000年在位）即位为第10代国王。阇耶跋摩五世即位时尚年轻。新王于968年7月3日，在国师耶输里乌拉哈开始建造的女王宫寺院内，下达了由其亲自签署将该寺院列入王家寺院的特别法典。然而，柬埔寨国内则如以往一样围绕王位展开了斗争，并没有即刻承认新王的统治。碑文中这样谈到此次斗争的情形："在获得天下的大型战斗中，强韧的国王阵营一方放出了如瀑布一般的弓矢，敌人顷刻之间被击溃……汹汹而来的敌人纷纷惊恐失措，如发疯般到处乱窜，全数逃亡。"由于历经这样的王位继承战争，阇耶跋摩五世父亲旧有的王宫被破坏殆尽。因此，国王在距离东巴莱不远的地方建设新的都城和王宫，还营造了名为茶胶寺的寺院。

975年，茶胶寺建设工事开始。碑文中称该寺院是"领受黄金之山"。东巴莱的西堤中央是用砂岩建造的泊船港，而今还残存着它的遗迹。由此可以判明，当时该地区营造了大规模的土地工事，但随着国王的去世，茶胶寺虽还堆积着石材就已宣告建造结束，留下未完成的遗迹。一部分石材，到阇耶跋摩七世治下，似乎被再用于建造吴哥通都城的大型环壁。尽管茶胶寺寺院尚未完工，但它的外观威风十足，能让人感受到它的威严。

茶胶寺的宇宙观

茶胶寺是高棉典型的山岳型寺院，它将所有大型的部件都聚拢起来，呈现具体的宇宙观。贮水池象征大海，其上建造着浮现众神的大型寺院。基坛是越往上越窄的五形祠堂形式，抬头向上看就可以感受到它们的高大庄重，它们正以这种形式彰显着威严。三大基坛支撑起祠堂，呈现出庄严的神山。这种建造方式，让人从视觉上实际感受到其高耸和宏大，产生了绘画中远近法一般的效果。通过这种配置和构成建起的茶胶寺，应该可以算是高棉建筑固有设计法则的集大成之作。最顶部的基坛上耸立着五座祠堂。总之，茶胶寺是体现山岳型寺院风格的典型寺庙，进一步而言，该寺院以粗放未加工、未完成的组石形态，反而展现出石材朴素的力量。

另外，进入茶胶寺的回廊也作为寺院装饰的一部分，被重新建设

图24 以砂岩筑成的茶胶寺，祠堂立于三大基坛之上，呈五点状排列

起来。而进入这个疑似回廊的建筑的第二段，也有一个基坛，由于十分狭小，人们无法从此通过。中央阶段由高3 691.44厘米的方形石阶不断层累而成，形成44度至57度的斜坡差。

因为茶胶寺的建设被迫中止了，故在现场还能够检证这种石阶层叠的建设工程。可以说，茶胶寺是当时石造建筑知识的宝库。它的中央祠堂在建造时采用了意识到四方空间而建为双重前室的玄关形式，是一种新的尝试。

第六章
最初的建寺王：宣誓忠诚的监察官们

三人围绕王位而展开的斗争

1000年，阇耶跋摩五世（968—1000年在位）去世，吴哥王朝内部再度陷入围绕王位继承的政治混乱之中。本节着重探索这一时期的混乱格局。

阇耶跋摩五世死后，碑文中最先记载的国王是1001年即位的第11代乌达雅地耶跋摩一世。记载关于该国王事迹的碑文发现于柬埔寨东北部的贡开和南部的波萝勉。该王是阇耶跋摩五世的外甥，其母亲是阇耶跋摩五世其中王妃的姐妹。

然而，从血缘上看，他无法主张其具有王位继承权。乌达雅地耶跋摩一世的母亲虽然"属于羯耶斯塔普纳王家的家族成员"，但这位新任国王与先王并没有直接的血缘关系。乌达雅地耶跋摩一世的舅父是阇耶跋摩五世的将军，他作为乌达雅地耶跋摩一世的后盾，令乌达雅地耶跋摩一世即位。或许正是由于这位将军的强力争取和武力推行，乌达雅地耶跋摩一世才能顺利登上王位。

然而，并没有任何证据表明乌达雅地耶跋摩一世进入了吴哥都城，因此我们无法得知他是否被整个吴哥公认为正统的国王。而在旧都城贡开的碑文上，则有落款日期为1002年2月13日的乌达雅地耶跋摩一世签署的敕令。难道说，乌达雅地耶跋摩一世是在旧都城贡开建立根据地，从地方起兵围攻吴哥，欲由此而夺取王位的吗？但不管之前的各种推论如何，乌达雅地耶跋摩一世大概在即位后不久就去世了，而这一时期的政治状况到底如何，也没有任何相关的碑文有所提及。

阇耶毗罗跋摩王的护城壁

1002年，与乌达雅地耶跋摩一世敌对的两位国王大肆宣扬举旗反抗。其中一位便是阇耶毗罗跋摩王（1002—1010年左右在位），而另外一位则是苏利耶跋摩一世（1002—1050年在位）。

在湄公河沿线桔井省附近东部河岸的三博县发现了1001年苏利耶跋摩一世活动的碑文，柬埔寨中部磅同省附近的碑文，也言及苏利耶跋摩一世的活动。而同一地区，还有两处记载其后第2年，即1002年苏利耶跋摩一世活动的碑文。

自1003年至1006年的碑文中，开始出现阇耶毗罗跋摩王的名号。根据记载该王的碑文内容可以得知，该王自1002年起就在吴哥都城即位称王。

阇耶毗罗跋摩王居住在先王阇耶跋摩五世的旧王宫内，似乎事实上已经证明他作为王位继承人具有"不在场证明"。阇耶毗罗跋摩王毋庸置疑地作为吴哥王朝的第12代国王，统治吴哥地区。国王根据索玛的建国传说（与蛇王娜迦的女儿索玛通婚，进而成为王室的始祖），主张其家族属于该王室的一支。然而与此同时，苏利耶跋摩一世也采取了同样的主张。虽然阇耶毗罗跋摩王最终通过实力夺取了正统王位，但这也表明当时柬埔寨社会并未产生对正统国王的认知。

阇耶毗罗跋摩王的统治区域，向西涉及马德望地区，向东包含磅同地区，这些地区都有显示其王权的痕迹，但也确定无疑的是，他所统治的范围并没有大范围增加。记载阇耶毗罗跋摩王敕令的石碑中提到：其后取得王位的苏利耶跋摩一世对他统治的地区进行了有意图的破坏。

遗存在磅同省承认阇耶毗罗跋摩王的碑文，记载了1006年5月25日所公布的敕令。对碑文所记载其统治状况进行考察可知，这位国王的统治一直延续到1010年。

阇耶跋摩一世（889—910年在位）时，暹粒河与如今的流向有着差别，它流经东巴莱的北侧。而今的流向只不过是当时灌溉用支流水路的一部分。正因阇耶毗罗跋摩王将灌溉水路的北侧开凿贯通汇入暹粒河，如今暹粒河的流向才得以形成。

阇耶毗罗跋摩王承接先王所建造的镇护国家型寺院亦是茶胶寺。茶胶寺从昔日都城的中心轴出发，向外扩大，形成了破坏原有形态的都城营造工程。笔者认为这无疑是没有充分考虑到既有各种寺院布置格局而进行的营造。而由于王位竞争对手苏利耶跋摩一世频繁地威胁，阇耶毗罗跋摩王开始专门致力于建造防卫的城墙。这致使建造镇护国家型寺院的工程被放在了次要位置。

如今的吴哥地区留存了阇耶毗罗跋摩王时代所建造的高达10米的防侵入城墙。该国王最初意识到需要防范其宿敌而建造的城墙也被保留了下来。该城墙东及东巴莱的堤坝，西至吴哥通都城，如此广大区域范围内的城墙至今保留完好。这些护城墙实际上到底有没有起到作用？它们或许在某种程度上发挥了防卫都城的作用。但阇耶毗罗跋摩王却在建造城墙后不久遭到苏利耶跋摩一世的攻击且败北，最终不见了踪迹。

新王都的建立与寺院周边的街区

尽管阇耶毗罗跋摩王在近10年的时间里将他的统治区域维持在吴哥地区，但他却被排除在王室系谱之外。在对抗中取胜的第13代国王苏利耶跋摩一世，早在1001年就与阇耶毗罗跋摩王一同宣布即位。考察当时的情形，才知道二位国王并立正统，这是一种异常的政治状况。

本节将从吴哥都城内的建筑考察当时的政治状况。通向王宫广场一侧的道路两旁，一南一北耸立着一对建筑。它们并非祠堂，高棉人将其称为"大仓"（其后还包括了吴哥通都城内的部分），它意味着"寺院的宝物库"或是"收藏王室宝藏的寺院"。而北大仓那一侧主要是年代久远的古老建筑。

其北侧一方建筑的建成年代虽然无法考证，但可以看出是类似女王宫建筑样式的小祠堂。从该祠堂与北大仓建筑的布置排列来推断，它们应该都属于王宫寺院周边街区建筑的一部分。北大仓中还留存着关于阇耶毗罗跋摩王的许多碑文。由此看来，北大仓应该是见证当时阇耶毗罗跋摩王占领吴哥都城的遗迹。这座建筑长4.7米，宽4米，两端都有开口部。我们无法判断它到底建造于何时，而后建造出的部分被改造成塔堂形式，从正中央开始分离为两个部分。其东侧设置了环绕中庭的回廊。该回廊用砂岩建造出1.5米的厚壁，其壁面的装饰也十分精致。

当时，苏利耶跋摩一世已经在正对北大仓的方向建造新王宫了。与此同时，苏利耶跋摩一世也在建造与北大仓并驾齐驱的新建筑，这个新建筑就是未完成的南大仓。这对分立南北的仓库成为王宫前广场中最吸引人目光且最具异域风情的建筑。这种建筑样式也以其别名命名，被称为"喀拉凡式"。同类样式的建筑还包括了茶胶寺、王宫的塔门以及金角山的空中宫殿（Phimeanakas）。

耗时十年获胜的国王

碑文记载，苏利耶跋摩一世出身于第三代国王因陀罗跋摩一世（877—889年在位）母亲一系的王室家族。这位国王将阇耶跋摩五世和其前任官僚所统治的地区逐渐纳入自己的统治之下。

在其基础上，他又逐渐侵入阇耶毗罗跋摩王统治的区域，把这些地方纳入支配范围。苏利耶跋摩一世的军队从自身根据地的中部磅士威地区北上最终攻取了吴哥，又翻越荔枝山向西挺进。今柬埔寨与泰国国境交界的亚兰（Aranyaprathet）应该是阇耶毗罗跋摩王的出生地，在这里围绕着争夺王位发生了数场战争，两位国王之间的最终决战相传也在此地展开。最终苏利耶跋摩一世胜利，他回到吴哥都城继任王位。

根据碑文可知，苏利耶跋摩一世于1002年宣布即位，在而后的约9年间，他依然持续不断地征讨各地。现在磅同市附近还留存了与该王一同奔赴各地的"行幸录"。在完成了种种征讨后，国王回到吴哥，其后又打算继续追讨从亚兰逃离的阇耶毗罗跋摩王；但由于其残党势力根深蒂固遭致强烈抵抗，想必遇到了极大的困难。

苏利耶跋摩一世于1011年9月9日，令为前任国王效力并曾参与抵抗其统治的500名高官塔姆尔·帕赤（监察官）向他宣誓效忠，成为他治下的臣子。宣誓效忠的文字被制作成碑文刻在王宫东塔门。值得注意的是，这些监察官直到该年的5月份还一直在为前任国王效力。而宣读这种效忠文书的传统，依然被现代金边王宫延续传承下来。新内阁的阁僚们在国王面前也须陈述宣誓效忠，比如此前诺罗敦·西哈努克亲王继承传统时，也原原本本地默认了这种宣誓效忠的方式。但这些监察官只要一出王宫就都忘记了自己的宣誓，因而被批评为只顾自身利益。

回到碑文中的宣誓效忠文，它到底是如何书写的呢？

我等臣下，以身家性命与感激之情宣誓效忠，我等必效忠于苏利耶跋摩国王陛下。我等绝不向他王致敬，绝不与我王敌对，绝不加入敌人势力……若我等之中有违背誓言者，其后必受治国之君的体罚。若我等之中有背叛效忠誓言者，日月之辉存在时，此人必永堕地狱遭受煎熬。我等严格遵照效忠誓言，则能恪守所笃信之教，亦能充实我等家族营生之口粮，国王将尽其所能赐予我等优裕。（乔治·赛代斯整理翻译）

就这样，苏利耶跋摩一世针对效力于前任国王的高官们举行了宣誓仪式，并将高官们对其宣誓效忠的誓约文刻成碑文。这是一次史无前例的宣誓仪式，国王为了招揽前任国王手下的官僚，明确要求他们确保对其忠诚。从此之后，柬埔寨新任国王都延续了这种要求官僚宣誓效忠的方式。

苏利耶跋摩一世即位时进行了建设了空中宫殿、王宫楼门等一系列宏伟的建筑，然而他在位之时并未征讨柬埔寨的南部地区。

冠以国王胜利之名的"林伽"

苏利耶跋摩一世在1018年，为了宣示本国所涉及的范围，以"苏利耶湄诸瓦拉"为名令佛教法师制成四根"林伽石柱"。第一根石柱，安置在王国西北部——现在与泰国国境交接的断崖型寺院柏威夏寺（建造在扁担山脉突出部位的名刹）中。第二根石柱则大概安置在苏利耶跋摩一世出生地磅士威的大圣剑寺中，但目前尚未得到确凿证据确认。第三根石柱位于南部的斯尔亚多利山上，安置地在如今的奇梳山寺内，距离金边南部约60千米。当时苏利耶跋摩一世在征讨过程中，在马德望附近所谓的"胜利平原"，也就是如今塔山寺（Wat Phnom）、巴塞特寺（Baset Temple）附近，亦安置了一根石柱。

碑文是这样表述如何安置林伽石柱的："林伽被安置在奇梳山寺院内，奇梳山古名称为斯尔亚多利山（意为"太阳之山"或"苏利耶跋摩国王之山"）。进而在柏威夏寺和（磅士威的）大圣剑寺也安置了这种作为纪念的建筑，在马德望的塔山寺与巴塞特寺，林伽亦受到祭祀。"

苏利耶跋摩一世将其统治地区扩大到现在泰国湄南河流域的华富里地区。在华富里地区还发现了落款日期为1022年的敕令石碑。然而，根据该石碑的设置状况判断，它似乎是从别的地方被搬运到此地的。传说苏耶跋摩一世此后还打算征讨马来半岛，但由于没有证据，这种说法十分值得怀疑。华富里地区虽然也被编入吴哥的新领地中，但吴哥实际控制的地区并没有大幅超越阇耶跋摩五世治下的版图。

而到了11世纪上半叶，吴哥王朝首先在湄南河流域，进而在湄公河流域建立起桥头堡，这一史实在华富里地区留存的一组古高棉语碑文中得到了证实。而这些碑文中，至少也有一处是属于苏耶跋摩一世时代的。

因此，这一时期吴哥王朝的宗主权在湄公河流域扩展到今老挝的琅勃拉邦，在湄南河流域则扩大到素可泰、宋加洛地区。1022年至1025年的华富里碑文中，就谈到苏利耶跋摩一世时代，老挝的佛教两派中的比丘以及实践瑜伽的婆罗门都进行了修行。除此之外，没有年代记载的其他古高棉语碑文，从字符到书法笔迹来看，几乎都可上溯到同一个时代，而这些都属于毗湿奴派的碑文。

新王宫与空中宫殿寺院的建造

进入吴哥都城并开始统治的苏利耶跋摩一世，搁置了阇耶跋摩五世旧有王宫（木造）及镇护国家型寺院茶胶寺，并没有着手重新恢复和建造。究其原因，是茶胶寺寺院附近似乎正是他与阇耶毗罗跋摩王在吴哥攻防战中的最后激战之地，所以他不希望将原属于敌人的任何一项设施纳入自己的归属。苏利耶跋摩一世的女婿、身为大臣的优厩瓦拉帕蒂塔是吴哥初代国王阇耶跋摩二世的子孙，也是曾经为阇耶毗罗跋摩王效力的高官。史实也暗示了这位女婿曾为两位国王效力。

苏利耶跋摩一世在攻下吴哥后，就开始建造新的王宫。该王宫被坚实的红土造城墙高高地围护在内。而且，新的王宫遵循了罗贞陀罗跋摩时代寺院的风格基础，在这些寺院的附近建造了山岳型寺院空中宫殿。空中宫殿寺院的面积较小，相比镇护国家型寺院，它大概更类似于王宫内执行日常仪式的菩提寺。红土所造的五层基坛上是砂岩材质的祠堂。然而，该基坛的砂岩是二次使用的砂岩，在开口部还有刻着梵语、古高棉语的碑文。这些碑文的内容主要涉及在建立寺院之前的140年间，耶输跋摩一世时代一位大臣的部分活动记录。由此推论，耶输跋摩一世时代的大臣与苏利耶跋摩一世之间应该存在某种血缘关系。碑文应该是基于某种缘由被设置在祠堂的开口处，并非是偶然为之。

面积达吴哥窟4.7倍的圣剑寺

苏利耶跋摩一世的统治与活动，自初建王号的1002年开始，共历48年。在此期间，国王兴建了许多寺院。他在柬埔寨南部修建了苏耶跋摩瓦塔寺（今奇梳山寺）。他在柬埔寨北部，在与现在泰国国境线接壤的地区，改建了壮丽的柏威夏寺，实施再建重修工事。而苏利耶跋摩一世更进一步的事业，则是在距离吴哥都城120千米以东的磅士威地区整备建造了大圣剑寺。相传，国王的出生地就在此处。而大圣剑寺也是比吴哥窟的面积还要大4.7

图25 上图：大圣剑寺的东门，像吴哥通一样设有拉着蛇王身躯拔河的众神像
下图：博风板上设计的跳舞女神像

1　以65米高的大尖塔为中心的巨大石造寺院吴哥窟。其回廊上的浮雕仿佛是一幅展开了的巨大画卷，随着游人探索步伐的不断深入，时刻可见到的刻绘形象也不断变化。这里凝结了高棉人的宇宙观

2　在中庭可看到仿佛在恭迎来访者的女神像，她们绚丽的发饰和薄可见肤的轻透衣裳都说明这里曾有发达的文化

3 贮水池西巴莱使得储存大量的水成为可能。吴哥的水利系统利用巴莱及堤坎实现了"一年两作"的耕种模式,以此养育了约计60万以上的人口

4 巴戎寺前的祠堂。吴哥遗迹现在对柬埔寨来说仍是上座部佛教的圣地,受到人们的爱护

5 巴戎寺的墙壁浮雕上刻有高棉军队与占婆水军在湖中激战的场景（1181年），互相冲撞的船头、换乘敌船的士兵及被击入水中的士兵都被刻绘得十分生动

6 阇耶跋摩七世营造的吴哥通都城。其中心寺院巴戎寺中耸立着三十余座四面佛尊颜塔，展现了为拯救众生而照耀四方的观世音菩萨

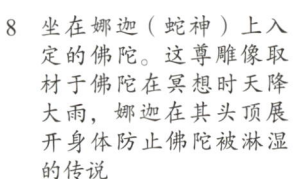

7　上智大学吴哥国际调查团于斑黛喀蒂寺发掘出的280尊佛像中的1尊佛陀,其头部有着化佛后的观世音菩萨像

8　坐在娜迦(蛇神)上入定的佛陀。这尊雕像取材于佛陀在冥想时天降大雨,娜迦在其头顶展开身体防止佛陀被淋湿的传说

倍的大型寺院，在建造过程中营造了大型贮水池。然而，自大圣剑寺建成后，历代国王都实施了改建和扩建工事，苏利耶跋摩一世初期的建设工事到底到何处为止，到底建设了多少藏经楼、祠堂，尚不明确。除此之外，苏利耶跋摩一世还在吴哥附近新建了周穗韦伯寺（Chau Srei Vibol）。

苏耶跋摩一世的建设事业之一还有西巴莱工程的建造。而今的调查研究称，后世多数的国王都延续了西巴莱的营造工程，而大部分工事的完成似乎归于苏利耶跋摩一世。西巴莱的面积为16平方千米，而今依然能够看到它当时的样态。相传在此之前，巨大的贮水池东巴莱当时出现了干涸情况，故西巴莱的建设被紧急推上日程。但仔细调查碑文后发现，事实并非如此。10世纪末的碑文指出，阇耶跋摩五世（968—1000年在位）不断修建茶胶寺时，就在王宫东侧建设了台地——而它恰好就是面向东巴莱的。该碑文传达了这样的史实：一直到10世纪末，东巴莱依然在发挥着作用。还有数处碑文指出，苏利耶跋摩一世除了进行这类建寺工程，还建设了各地的道路、石桥、宿驿、贮水池等。

乌达雅地耶跋摩二世与忠臣桑格拉玛将军

吴哥第14代国王乌达雅地耶跋摩二世（1050—1066年在位）于1050年2月或3月即位，但这位新的国王与前任国王苏利耶跋摩一世完全没有血缘关系。乌达雅地耶跋摩二世与他的第一位王妃乌衣拉库杰密似乎是亲戚关系。根据碑文所述，这位王妃属于苏利耶跋摩一世的王妃家族。

乌达雅地耶跋摩二世统治时，吴哥处于内战与混乱的时代。在他刚刚即位不久的1051年，深得信任的桑格拉玛将军就受命平定地方小王阿拉旺达拉达的叛乱，并似乎镇压了此地。

其后的1065年，曾效力于国王的卡姆瓦乌将军也发动叛乱。桑格拉玛将军再度被委任特派去镇压叛乱。此次叛乱之地位于柬埔寨西北部，距离吴哥相当之近。根据碑文内容可知，卡姆瓦乌将军宣传"己方权势只手遮天，欲流放国王"，可见此次是与国王为敌的叛乱。该碑文栩栩如生地描述了桑格拉玛将军与逆臣卡姆瓦乌对决的情形。

新月弯刀、剑、镰、枪等飞碰撞击，左来右往。武器与武器碰撞出火花，天空也突然被熏染得更为艳丽。多数敌兵如蜂巢里的蜜蜂一般拥来，并堕入死亡长眠。鲜血弥漫的血肉积累得如山一般。敌人首领（卡姆瓦乌将军）手拉弯弓进入阵营之前，卖弄巧言利语，桑格拉玛将军以敦实厚重之词向其大声呵斥：

"狂妄之辈，背德之徒，吾等已寻尔多时。尔等狂妄自大，还胆敢在因陀罗神面前搬弄是非吗？""请速速收兵，面前的这位大勇士，让我见证你的存在。当我确认你的存在后，我将速速将送你去见夜摩天（阎王）。"

勇士听完之后进一步用充满豪壮自信的口吻回应：

"那就让我见识你令我畏惧的样子吧，对面的勇者，难不成被我的勇气吓到了吗？""我的箭矢锋利坚韧，瞬间就可以将你送去见阎王，来吧，让你和你的那些空口号都被我这支箭矢粉碎毁灭吧！"

两人互相恐吓，欲陷对方于死地，各自投以令人不快的攻击性话语。为了让我方处于战斗先手，我方张开强弓并发出箭矢。伴随着太阳光芒，充满了力量的箭矢从卡姆瓦乌将军的强弓处发出，以射穿额头的气力瞄准桑格拉玛将军飞去。锋利的箭矢像花瓣散落一样被射放出来，桑格拉玛将军好像被细雨扑打的山王一样，毫无畏惧地准备下一发羽箭，发出好似火神阿耆尼弓矢振幅频率一般的声响，将射来的箭矢抵挡回去。桑格拉玛将军军团所发出的三矢之箭，同时瞄准射穿敌人的头、颈和胸。被锐利箭矢击溃的敌人倒在地上，连身上的汗毛都发出悲痛的叫声，以此来告诉从行者惨烈程度之大。

而此次平叛之后不久，桑格拉玛将军再度出征，去镇压柬埔寨东部的第三场叛乱。这次叛乱是由挑战新王的无名反判者发起的。这些反叛者被迅速镇压逮捕，作为俘虏被带到国王面前。

周达观见证的"华丽而又豪华的大型寺庙巴方寺"

乌达雅地耶跋摩二世在国内外政治尚未安定之时，依然致力于建设镇护国家型寺院。采取这样的举措的原因，除了国师和祭祀官向国王强力劝荐之外别无其他。碑文如此描述："阎浮提（大陆）的中央是众神居住之所，还能见到黄金山耸立其中，因此，在国王都城的中心也竞相建造起黄金山。黄金山的顶部是璀璨的黄金和金碧辉煌的寺院，国王供奉着黄金的湿婆·林伽合体神。"（乔治·赛代斯翻译）

图26 巴方寺，从正东面入口到塔门有200米长的参拜道路

碑文中所述的大寺院指的就是巴方寺，是位于王宫南侧巍然壮丽的山岳型寺院。我们无法确定它准确的建造年份，相传大概建成于1060年。

中国人周达观1296年造访了该寺，称"有铜塔一座，比金塔更高，望之郁然"，指出它的华丽无与伦比。这座寺院是在王宫和巴戎寺之间的狭小空间内建成的。

该寺院的参拜道路入口位于如今王宫的前广场南端。从入口处的东塔门进入，沿着华美的参拜道路步行约200米就到达了本殿。本殿的基础土台东西长200米，南北宽100米，其上建造了3层基坛，并由回廊将其包围起来。

巴方寺最顶端基坛的中央祠堂呈东西走向。第二层基坛塔门的装饰取材于印度史诗《罗摩衍那》，以美妙且具有魅力的浮雕刻画壁面。浮雕壁面呈带状分布，《罗摩衍那》中的数个神话都被描绘为柬埔寨风格，质朴且具有朦胧美的浮雕绘图打动了人们的心灵。从这些浮雕绘图中可以看出，印度传来的叙事诗常年影响并融入了柬埔寨文化，也标示着它们又被改造为柬埔寨风格并最终定型。柬埔寨版的印度教薄壁浮雕绘图，虽然每一处都仅为小作品，但也让人们感受到了它的精美。

巴方寺的修复工程自1942年法国远东学院介入开始，到第二次世界大战期间又被迫中断。1954年奠边府陷落之后，法国军队遗留的大型机械也被搬运到遗迹现场。法国远东学院使用这些机械再度对遗迹进行了修复。然而，20世纪60年代的修复工程形成了土石流（尤其是因为上层基坛的护墙内积留了雨水），它破坏了墙壁且流向寺院之外。修复工程将寺院恢复到原位，而后远东学院再度尝试挑战，在5层基坛之外见不到的内侧部分建造了混凝土的内壁，在外墙上贴上了装饰用的旧砂岩石材，到1970年，巴方寺的修复最终竣工。

西湄本寺的水位计

乌达雅地耶跋摩二世在苏利耶跋摩一世时代所建造的西巴莱中央部位建设了西湄本寺。西湄本寺是在边长为100米左右的正方形填土小岛上用砂岩堆建而成。在防护堤上，建有环绕一周的城墙。过往罗贞陀罗跋摩一世（944—968年在位）所造的东巴莱中央建有东湄本寺，是与之具有同样风格的前例。

西湄本寺的中央是边长为10米的砂岩搭建起来的基坛，该基坛深2.7米，也设有水井。该水井的底部发现了被砂土掩埋的精美的青铜制毗湿奴卧像。毋庸置疑的是，这座青铜像全长超过了

图27 于西湄本寺井中发现的毗湿奴像（现藏于金边国立博物馆）

40米，现在它已经被展示在金边国立博物馆中。值得注意的是，它标示着在此之前柬埔寨已经拥有了塑造如此巨大的青铜像的本土技法。吴哥王朝于1431年崩溃，当时许多青铜制神像和狮子像都作为战利品被搬运到大城王国。这座毗湿奴像由于埋在泥土之中未被发现，所以留存于吴哥。尽管大城王国前期以武力见长，但也没有这种青铜雕像的制作技法。

在该水井的底部还进一步发现了铜制的导水管，它延伸至西巴莱池内，起到了水位计的作用。发现它的法国建筑家杜马尔塞注意到，该水井的石料布置为最下层呈八角形，中层呈四角形，上层则呈圆形，各自显示出不同的水位。通过考察可发现，八角形表示巴莱的水已不充分，四角形表示巴莱的水几乎已经灌满，圆形则表示巴莱的水已经溢出。

乌达雅地耶跋摩二世时代，为国王效力的众多官员中也有印度教的信众。其中也有部分超越世俗的柬埔寨高官，他们像苦行僧一样，离开人群聚集地区而将荔枝山的高布斯滨（Kbal Spean）作为修行之地。他们自己在河床和河边的岩石上刻上林伽、毗湿奴的卧像，作为信仰的见证。高布斯滨属于深山，十分寂静，大树林广布，岩盘与大石比比皆是。他们就如同过去印度教的苦行僧一样，为了修行，在河床与河边的岩石上雕刻了神像。

乌达雅地耶跋摩二世过世大概是在1066年或者稍微更早的时间。该王过世后并没有被封谥号。在其殁后，后继者的即位日并未紧随出现，这不外乎是由于王位继承出现了空白时期。

哈萨跋摩三世直面对外战争与镇护国家的寺院

吴哥王朝第15代国王哈萨跋摩三世（1066—1080年在位），自1066年抑或1067年继承了他的亲兄长乌达雅地耶跋摩二世的王位，大约统治了14年时间。然而，碑文中也并没有详细叙述国王活动的清晰记录。大概是因为这个时代同时存在其他王室出身的国王，实质上全权掌管着整个王朝。中国方面的史料还记载了哈萨跋摩三世在位时，在1067年北宋皇帝宋英宗征讨越南李朝（1010—1225年）的过程中，曾要求高棉国王对越南出兵。

邻国占婆的国王诃梨跋摩四世，自1074年至1081年统治其国内。虽然有豪言壮语的传闻指出，诃梨跋摩四世在位时打败了两国国境附近配置了高棉军队的吴哥王朝据点，但高棉的碑文中却完全没有提及这场战斗和它的失败。占婆的碑文中则有着如下记述：“我们攻击了（柬埔寨的）三波补罗（靠近湄公河的古都三波补罗，现在为桔井省的三波），破坏了这里全部的祠堂，并攻击了高棉人部队。国王之前也从高棉人手中夺得过伊奢那巴托连补罗的数座祠堂。”

哈萨跋摩三世以耶输陀罗补罗为都，由国师、祭祀官德瓦拉卡拉帕迭塔经手，于1066年执行了即位仪式。但是，记载上不是称这位新国王的都城在吴哥吗？虽然从如今记载的数字来看，国王的统治持续了14年，但在吴哥，仅发现了一处记载这些活动的碑文，且尚未完成。该碑文刻在比粒寺，它强调国王统治的阶段是"极为平稳的世代"。而谈及国王的碑文，在吴哥国内也仅发现了少数几个。

哈萨跋摩三世并没有建造新寺院，似乎实施了巴方寺的改修工程。他将巴方寺中央祠堂原本的十字形设计改为正方形，使得旧建筑的基础被新基础覆盖。而且，国王并没有进行大型的改建工程，只是改装了巴方寺，将其作为镇护国家型寺院使用。

新国王没有建造新的镇护国家型寺院，这样的事情并非没有先例。第12代国王阇耶毗罗跋摩（1002—1010年在位）就重新修建了第10代国王阇耶跋摩五世（968—1000年在位）时期的茶胶寺，并再度利用了他的王宫。从这个史实来看，曾经具备镇护国家资格的寺院，且并没有遭致太大破坏、能自由使用的话，那么并非一定要重新建设新的镇护国家型寺院。而从以往的事例中也可以看出，国王交替过程中必然伴随着暴力性的破坏，故在实质上兴建新都城、新王宫、新寺院这三建筑组合就成为必需。

哈萨跋摩三世于1080年去世，从他统治时期的政治混乱状况来推断，他可能死于非命。

阇耶跋摩六世从何处而来

哈萨跋摩三世的世代终结，吴哥迎来新王登场。阇耶跋摩六世（1080—1107年在位）于1080年作为吴哥第16代国王即位。这位新国王与之前诸国王完全没有血缘关系。该王的父亲名为毗兰耶输跋摩，是吴哥王朝治下的小诸侯国以所谓"马非陀罗补罗"的王室之名而进行统治的小王后代。现在尚无法断定这个小王室的确切居住地，相传在今泰国东北部的某个地方有着他们的都城，他们在该地居住了数代。发生如此突然的王室更替必然伴随着战争。11世纪后半叶至12世纪初，吴哥仍然处于持续的政治混乱状态。

而需要进一步说明的是，阇耶跋摩六世到底有没有在吴哥都城实现过统治，尚不明确。恐怕在前任国王哈萨跋摩三世之后，还有一位后继者奴里帕连托跋摩，后者似乎直到1113年都还在统治吴哥。而后的苏利耶跋摩二世获得王位时，碑文主张他是从"两位国王手中"夺取了王权。"两位国王"中的其中一位就是奴里帕连托跋摩，另外一位国王大概是阇耶跋摩六世的后继者达烂因陀罗跋摩一世。

阇耶跋摩六世继续使用了前任国王的王宫。从事实上看，自哈萨跋摩三世至阇耶跋摩六世的王位交替过程中发生了战争，但战场应该在吴哥地区以外的地方。

阇耶跋摩六世去世之后，有数座碑文谈及他的事迹，根据这些碑文可以知道他作为建造重要寺院和实施改建工程的一代之君而闻名。他在位时所建造或改建的寺庙包括今柬埔寨北部国境附近的柏威夏寺，以及老挝的瓦普寺，甚或包括了三杜寺（Phnom Santuk）。

在远离吴哥之地建起的披迈寺

阇耶跋摩六世在去世之前，在距离吴哥约250千米之遥的远地建造了披迈寺。这座寺院清晰地根据吴哥的宇宙观来配置建筑物，其中豪华的塔堂与浮雕都是美得令人瞠目结舌的艺术品。该寺院坐落在今泰国东北部披迈市的中心区域。或许是因为这里是阇耶跋摩六世自身的马非陀罗补罗家族的居住地，故该王室家族与建设这座重要寺院有着密切关系。而且可以明显看出，这座寺院也是作为大众佛教寺院而被建造的。然而，由于阇耶跋摩六世是在建设印度教寺院时一并修建这座寺院的，故国王是否专门为了弘扬佛教而建造

图28　披迈寺的中央祠堂

新寺院这一点还存在疑问。

从这位国王的事迹与活动出发,再度去详细调查披迈寺院,就不能断言它必定是座完全的佛教寺院。从博风板和寺院的方位等来看,就存在许多疑问。例如,这座拥有门楣雕刻的寺院是坐北朝南的,而它中心位于南面的博风板上则雕刻了湿婆神像。它面向河岸而建,寺院面前就流淌着河水,从地形来判断它朝向南面的这种说法也十分具有说服力。这座寺院还进一步流传着祭祀阇耶跋摩六世的祖灵的说法。无论披迈寺是佛教寺庙还是印度教寺庙,它都因与当地本土精灵相结合而增加了灵力。披迈寺还被称为"将军寺",出自梵文的这一称呼也体现出了浓厚的地方特色。

值得注意的是,披迈寺建造的时候采用了新的本土建筑技法。中央祠堂呈独特的炮弹形状,相传这也是吴哥窟塔堂建筑的模板。

1107年,阇耶跋摩六世去世,由于之前已经决定了的后继者即他的王弟过早去世,只能令他的王兄继承王位,吴哥王朝第17代国王达烂因陀罗跋摩一世因此即位。

达烂因陀罗跋摩一世的短暂治世

关于达烂因陀罗跋摩一世,碑文K.852中有如下记述:

> 达烂因陀罗跋摩并未醉心于获得国王宝座,当时身为弟弟的君王被召入净土,出于恻隐之心,并顺从那些失去保护者的

大众民意，他开始谨慎地统治这片大地。

达烂因陀罗跋摩一世无论如何也没有统一国内的决心。如前文所述，当时的吴哥国内分裂为两个割据的地方国，并同时存在两个国王。除此之外，更进一步的是当时还存在多个小王国乱立共存。

达烂因陀罗跋摩一世并没有时间兴建新的镇护国家型寺院，只是延续了之前统治时期所留下来的建筑，对它们进行了持续地改建。他即位五年后，在"毫无防备"的都城内历经了"一日决斗"，最终他和他的政权被敌人歼灭。

下一任国王苏利耶跋摩二世（1113—1150年在位）是达烂因陀罗跋摩一世外甥之子。他是先王姐妹之孙，因为其母亲出自王室家族，所以苏利耶跋摩二世出身于"正统"血统。在此之前的柬埔寨王位继承习惯都是按照伦理性的顺序令继承人等候，但年轻的苏利耶跋摩二世并不想等待，他为获得王位而提前奔走。

达烂因陀罗跋摩一世通过与前任国王的王妃、王女形式上的联姻，墨守继承王权的传统，他迎娶了维杰因陀罗库杰米王女为妻。这位女子在与他结婚之前，曾与他早逝的王弟成婚。而她家族系统中的外甥之子，在碑文中被描述为"年轻且未完成学业修行，但已经觊觎家族王位。此时，王位已经归两位国王所属"。碑文所述的年轻人便是苏利耶跋摩二世。

苏利耶跋摩二世占领了耶输跋摩补罗，1113年，在帝师德乌卡拉帕迭塔经手之下，他举行了即位仪式，而这位帝师也曾应邀为前任国王举行该仪式。在宗教势力的加持下，苏耶跋摩二世成为吴哥窟的第一任建造者。吴哥窟的第一回廊南面还生动地刻绘了这位国王的光辉形象，与他一同在第一回廊浮雕中登场的，还有国王所率领的将军和军队士兵。

第七章

苏利耶跋摩二世的巨大野心

统一了两王国的苏利耶跋摩二世

关于继承了吴哥王朝第18代王位的苏利耶跋摩二世（1113—1150年在位），许多碑文中都栩栩如生地描绘了他围绕王位展开的激战。如第六章中所述，此时的吴哥已经分裂为两个王国，存在两位国王，苏利耶跋摩二世"统一两王国而得位"。"在都城进行了持续一天的战斗后，最终达烂因陀罗跋摩一世在无防备的状况下，其王位被苏利耶跋摩二世夺取。""国王在战场上指挥大军交战。国王跳上敌王（达烂因陀罗跋摩一世）所乘战象的头部将他斩杀，就如同神鹫在山顶袭杀毒蛇一样。"

分裂王国的另一位国王是奴里帕连托跋摩，相传他是王朝第15代国主哈萨跋摩三世的子孙。身为婆罗门的国师德乌卡拉帕迭塔也与侍奉前任国王一样，于1113年向苏利耶跋摩一世履行职权，为他举行了即位仪式，承认了他的国君地位。

苏利耶跋摩二世并没有继续利用两位前任国王以往所居都城以及近边的建筑，他重新整理巴肯山东侧的宽阔池塘与暹粒河流经此处的地带，耗费约30年的时间建造了吴哥窟与新王宫。之所以采取此举是因为在致达烂因陀罗跋摩一世死于非命的"一日决斗"中，旧王宫遭致彻底破坏。除此之外，还因为苏利耶跋摩二世笃信毗湿奴神，所以没有使用之前湿婆派的寺院，而决定建造新寺院。新都城和木造的新王宫位于吴哥窟境内北侧，面向环形护城墙北岸而建，而这道环形护城墙也通过木造的路桥相互连接。

非同寻常的大寺院吴哥窟

自苏利耶跋摩二世始，作为国王权威象征的吴哥窟得以营造。吴哥王朝历史上最大的石造大寺院就是吴哥窟。本节意在向读者讲述吴哥窟建筑技术和美术要素中的精美之处。

首先，吴哥窟的建筑规模宏大。这座大寺院由65米的大尖塔、大型回廊和大阶梯构成，春分和秋分时阳光会穿过位于中央的大尖塔，让来参诣的人感受到其中深奥的妙趣。

精美华丽的雕刻布满了整

图29 从残丘上的巴肯寺看到的吴哥窟全景，五座尖塔屹立在密林中

个大回廊，可以说是一座雕刻剧场，被涂上金粉的雕像闪烁着光辉。因此，吴哥窟寺院拥有穷尽语言和文字都难以形容的完整构造。早上，红彤彤的太阳从寺院背后照射中央祠堂，五大尖塔看起来就好像浮在天空之上；午后，寺院沐浴在热带强烈的日光下；而受到夕阳映射，五大尖塔与西侧回廊则闪耀着略带红色的金光。这不正是如极乐净土一般非同寻常的光景吗？夜色降临时，月光映衬下大尖塔的影子仿佛浮在空中。到第二天早上，西参拜道路两侧圣池中的莲花呈现出红色，让人心感柔和与慰藉。而看上去浮在圣池水面上的大尖塔，就如同富士山的倒影一般。

吴哥窟寺院中，还有数个大大小小的奥秘。参诣者沿着西参拜道路而行，在到达西参拜道路终点处时，由于前方的台地遮挡了视线，之前所见到的五大尖塔就从眼前消失了。但登上台地的一段台阶，尖塔的塔顶部又再度缓缓映入眼帘。这就是在视觉效果上实现了出乎意料的小奥妙。而到达十字形台地后，就可以从那里看到第一回廊壁面上雕刻的薄肉浮雕。距离石床高约2米，长约200米的带状浮雕，刻在东西南北各处的回廊上。

图30 身着正装的女神像，其华丽的发饰引人注目

沿着环状护城墙内侧而建

造的红土材质围墙,其东西长达1 030米,南北长达840米。围墙的东西南北有四个入口塔门。东、北、南三座塔门都是相对朴素的建筑,塔门中心处又有59米的围墙延续,它的正中央是基轴道路。在穿过北塔门之处就坐落着当时的王宫。而作为西参拜道路一部分的西侧塔门,有将近230米的边长,其中又有3个入口。这座塔门中央的顶部是豪华的塔堂,参诣者都在这里出入。西侧围墙的南北两段都有象门,这里没有台阶,是为了让载货马车和战象能够通过,道路由碎石砂砾铺成。而吴哥窟境内参拜道路交汇的两侧有两座经藏小寺,它们的对面就是倒映大尖塔的圣池,圣池也由于参拜道路的穿插分为南、北两侧。

如此的整体设计呈现出立体结构,会让人抱着世间没有如此"寺院"的体会,被它感动。当时的吴哥窟被整体涂以金粉,国王与处理实际事务的官僚们大概就是想在这片大地上再现极乐净土吧。吴哥窟独特且非同寻常的建筑构想与崇高的信仰相结合,至今仍俘获了许多人的心。

吴哥地区持续成为圣都的原因

吴哥地区北邻荔枝山,暹粒河从山上流下,故该地处于暹粒河下游。它在几个世代间都被营造为都城,是一座为时长久的圣都。由国王领衔的都城和寺院建设,形成了而今的遗址。

笔者这里想再返回来阐述它成为圣都的原因。柬埔寨历史上数次以吴哥地区作为大型都城,是将印度宇宙观转化为柬埔寨本土版本的缘故。荔枝山被视为喜马拉雅灵峰，暹粒河则被视为圣河恒河，故其下游就被设定为繁荣的圣都，吴哥地区就这样作为众神所选的神圣都城一直存续发展了约600年。而最早通过具体事例以有形可见的方式贯彻国王的作用和使命，让这些建设受人瞩目的吴哥国君是因陀罗跋摩一世（877—889年在位）。

获得王位的所谓"王中之王"，将受命于神、执行神的委命加在国王的责任义务之上（他是土地的所有者、和平的维护者、繁荣的推进者），谋求建造新的都城。

于是，国王的职责和作用便是在象征柬埔寨版须弥山的地方，建设起山岳型镇护国家寺院，为王朝未来恒久的繁荣打下基础。而婆罗门等宗务者依据占星术进行考察，最终对都城的位置、动工时间等起到了决定性作用。

吴哥窟的设计图

吴哥窟建立之际，曾有一份在牛革皮等材质上描绘出的"设计图"，而它大概也同样是"建筑书"。具体的情况并不清楚。似乎在建造吴哥窟时，就采用了5世纪至6世纪从印度传来的三角法测量术。

除此之外，到建造吴哥窟的12世纪时，柬埔寨已经具有令人惊叹的独特石造建筑技法。吴哥建筑基本上采用左右对称法，拥有穿透寺院中心的纵横直角相交轴；直角相交轴又与次要轴直角相交，如此多重反复交叉，构成了复杂的几何学平面。吴哥窟建筑所用到的几何学,已经涉及直线、方形、圆的图解和平方根等的计算(据荒樋久雄的观点)。

遗憾的是,吴哥建筑并没有明确计量所用的基本长度单位(在建造时,日本的建筑往往用到尺、寸之类的基本长度单位,也是而后换算成米的原器)。美国建筑学家艾列罗亚·莫妮推算基本长度单位后指出,建造吴哥窟时,人们用到了1尤特,即相当于"43.535公分"的腕尺(以手臂长度作为单位的尺寸)。她还认为,吴哥窟的建造与太阴历、天体运行、春分、秋分、冬至、夏至的太阳位置等天文学和占星术的要素密切相关,这些知识也被纳入建筑计划中。

如何搬运石材等材料

吴哥窟是用数万个巨大砂岩和红土石材砖块,一个个层叠堆建而成的大寺院。在吴哥窟建造现场,每个寺院有将近1万人从事建寺作业,并耗费3至5年时间。另一个说法称,吴哥窟建筑使用的石材远远超过了10万块,试算的总重量达到了200万吨。而这个工程始于距今950年前,没有使用任何建筑机械,全部都只靠人力经世建

图31 将砂岩石材浮在竹筏间,在雨季涨水的暹粒河上漂流(由上智大学国际调查团提供)

造而成。它到底是如何建造的呢？我们力图通过现场的经验用一种假说来挑战解释其过程。

吴哥窟所使用的巨大石材砂岩砖，是从约35千米以外荔枝山深处的露天砂岩开采场中被切割好并运输到吴哥的。现场的石工们使用重达5千克以上的铁棍在砂岩石表面打钻，打开口后再使用撬杆将石材切成石块。这种石材作业而今仍然通用。每一块石材重500千克至1吨以上。要将10万块以上这样大小的石材搬运到吴哥窟，的确是困难艰巨的工程；而且也不可以使用战争用的驯象，考虑使用船舟河运也是不可能的。

那么这些石材到底是如何从35千米之外搬运到吴哥的呢？这暂且成为了一个谜团。为了回答这个疑问，2003年，包括日本大学片冈正夫教授和三轮悟助教在内的上智大学国际调查团，连同笔者一道奔赴现场会合，在3至5名柬埔寨工作人员的协助下，到吴哥窟的环护城河现场尝试着放竹筏漂流。

调查团在边长4米的正方形竹筏的正中央打开一个洞，将石材（重约300千克至500千克）用草捆绑固定起来，这样竹筏不会沉入水中，石材就可以从水面掠过。这是利用水的浮力运输具有重量的石材的方式。竹筏上还可载人，人们通过长条竹棒操控竹筏。在石材不沉入水中的状况下划动竹筏，通过河水流动来搬运石头。以雨季的增水期为中心，数万块石材开始通过放竹筏的方式运输。它们顺着暹粒河而下，一直漂流到建造现场附近再转为陆上运输。这种"大放竹筏漂流"的运输方式，大概是利用了当时雨季的大洪水。而运输到吴哥窟的话，则是将竹筏导入到环护城河渠中，运到现场附近再搬上陆地运输。

石造建筑艺术的集大成之作

当时的人们到底又是如何将这些石块层层堆积建造起来的呢？这项工程也是在不停试错的情况下，由在吴哥窟内劳作的石匠工人们共同实施的。通过把石头绑在两根长15米的交叉高木柱顶部，在两个木柱交叉处安装一个类似于滑轮的石头，再系上蔓草所编的绳子，就可以将石材从其下方拉拽上来；而通过移动交叉木柱的头顶部，还可以将石材卸下，放在高处临近的搭脚处。不断运用这样的方法，就可以将石材一个个地累砌堆积上来。累砌堆积石材的场景，也被刻绘在巴戎寺的浮雕（13世纪初）上。

人们根据该浮雕绘图推测出这样一种假说：堆建工程自中央祠堂附近起步，逐渐推进到外侧，最终一步步完成。如前所述，石材

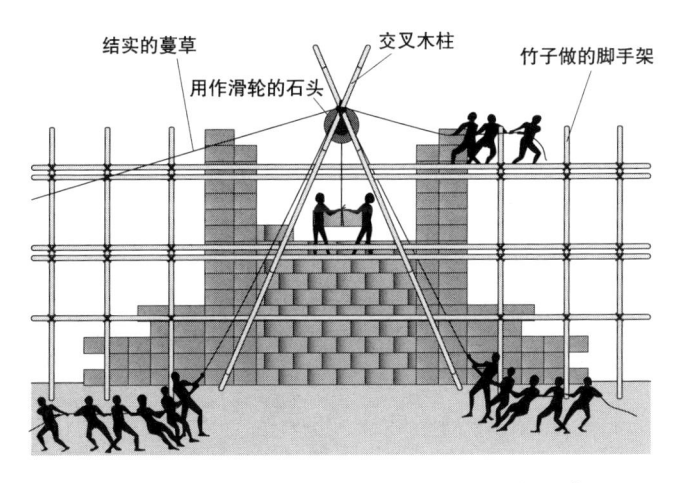

图32　用交叉木柱吊起石材的示意图（原图由上智大学国际调查团提供）

图33 正在黏合石材的浮雕图（由上智大学国际调查团提供）

在堆建过程中没有使用任何黏合剂。两块砂岩石材之间所用的填充料为砂砾、水与盐，而两块石材经过近50次相互摩擦，产生了表面张力，石材与石材之间就可以实现紧密黏合了。这也是柬埔寨不使用黏合剂而堆建石材的独特传统技法。

柬埔寨堆建石壁的技法也十分独特。当时的人们积累经验，感悟到如今结构力学的技法，石材就这样逐渐一个个堆建起来。如果原封不动地卸下并堆建具有重量的石材的话，会导致倒塌；但是若在堆建时控制好平衡，即便是高大的外墙，通过石材本身重力的相互支撑，分散集中于一点的重量，也可以在石材上进行高强度大重量的堆建工程。塔普伦寺（1186年）的外墙是将俗界和僧侣隔离的高墙，其外侧至中心部的石材也是组合堆建出来的，当时筑起的高墙至今都未崩塌，依然屹立如初。

20世纪60年代，人们曾对吴哥窟的石壁展开修复工程，在高墙拐角处使用60厘米至80厘米长的"铁榫"来连接两块石材，其强度非同小可。从外部来看仅仅只是用石材堆建起来的巨大墙壁，在建筑学

图34 被嵌入高墙拐角的"铁榫"（由上智大学国际调查团提供）

角度上却隐藏着如此秘密。因此，像这样高度的石壁，在铁榫的支撑之下，跨越了约900年的时间依然屹立不倒。然而村民们知道该秘密后，却为了获得铁材而破坏了石壁。

图35 为了与参拜道路的铺路石完全吻合，石头与石头之间都标上了记号

在吴哥窟营造中央祠堂，首先是以5座塔堂寺院建筑为主要核心，而后再顺次向外施工建造回廊、参拜道路、环形护城河渠。容不得稍许差错的测量尺寸的方法到底是怎样进行的，以及到底是如何进行全体设计施工的，由于至今没有发现设计图，依然无法确定。回廊的建造也是从堆建第三回廊的石材开始的，在石材堆建完成后，再由泥工、绘师、雕刻工和研磨工及他们的助手来进行最终完善工作，并通过专门的雕刻团队完成表面的雕刻工程。当时，到底存在多少这样的雕刻团队，他们到底进行着怎样的工程作业呢？

遗迹整体的设计和施工、现场的测量、装运土块的工事方法、搬运、加工、雕刻等所有的工程，都是在通过经验总结而创造出的本土高超技术、技法下驱动的。吴哥窟是600年来石造建筑技术的集大成者。

基于这样的传统加上建筑技术，又耗费了30年以上的岁月，吴哥窟最终得以完成，这体现出国王诚挚的建寺热情和强大的政治力量。吴哥王朝通过采用凌驾于我们想象之上的高超技术，维持发展着它的建造活动。它创造出令生活在现代的我们无比感动的精妙艺术，而这一点正是在高超技术力的驱动下才得以实现的。

圈地与夯土

　　吴哥窟是在旧有的小水池遗迹上建造起来的,旧暹粒河流经今吴哥窟的中央部分。吴哥窟境内的地下,已经确认是过去的旧河床(依据法国远东学院的调查)。当时为了建造吴哥窟,暹粒河被改向,变为从吴哥窟地基的东侧径直流过。

　　建造者们选择了建设的场所方位之后,接下来进行的便是砍伐树木和简单的整理地基工程。在动工之前,这里还开展了盛大的祭祀土地仪式。这样的祭祀仪式中还包括祭祀高棉版本的印度教诸神、本土的精灵,祝愿国家永远安泰,祈祷工程安全和向众神奉献传统舞蹈。

　　可以确认的是,吴哥窟中心部位主要建筑的地基,是在掘平地面的基础上,通过重复每铺设10厘米厚的河砂便浇水使其加固这一过程,最终形成的厚达数米的夯土河砂地基(即将河砂通过不断灌注水流冲击加固而改良地基的工程)。而20世纪60年代率先在巴方寺(1060年建造)进行修复工程时,法国远东学院团队也证明了巴方寺内部的河砂地基建造得十分完美。斑黛喀蒂寺(12世纪末建造)的地基土台部分,也是用同样材质的河砂夯实为15米厚度的地基而成。

　　夯实河砂地基时,还需要用20厘米大小的"碎石块"(在进行地基作业时将岩石击碎切割为小石)填充在重要部位,这样才能让地基承受更大的强度。根据斑黛喀蒂寺的调查报告书可以明确的是,这种作为建材而使用的"碎石块"与"灰色砂岩"不同,硬要说的话,它应该是"黄褐色砂岩"。顺便一提,巴戎寺

（12世纪末至13世纪初建造）的浮雕中，刻画了筑造地基时"用木棒夯实地面的夯土作业员"。夯土工程所用到的河砂，可能来自暹粒河的河底。笔者于1961年赴柬埔寨考察，当时经常见到从暹粒河挖采河砂的村民。这些河砂作为地基用石，不仅稳固还具有均一硬度，同时具有很好的对水浸透性，因而还具有雨季时可以快速处理大量雨水的材料性特质。

支撑吴哥窟第一回廊与十字台地的地基，由高达1米的填土建造而成，进而堆积到第3层的基坛。包括寺院正殿的基础部分的面积达4万平方米以上。地基还支撑起高度为65米的中央祠堂。第1层基坛的基础土台，是由3.3米高的填土夯实堆积而成，其上端承载了圣剑寺回廊、两座藏经楼和第二回廊。第2层基坛由河砂堆积到5.8米，其上端承载了第三回廊和中央祠堂的基底部。而第3层基坛是整体建筑中的最高处，11米高的基坛上耸立着中央祠堂。

图36　环绕吴哥窟的宽200米的大型环沟，运送石材的竹筏会进入环沟中卸货

同样无法忽略的还有包围环绕寺院的环沟。宽200米，长5.5千米的环沟堤岸由8层的地基石壁建造而成，它可以贮藏蜿蜒10.6千米、约500万立方米的河水。

而今依然蓄水的环沟总面积达91万平方米。假设将环沟堤岸一半高度的土砂全部铲除，可以填充1.5个东京巨蛋体育馆，用10吨载重的拖拉机搬运也需要7台，建造这道环沟真可谓是用到了大量的土砂。而被铲除掉的土砂，主要用于搭建环沟堤坝以及用作吴哥境内所需基坛的填土。吴哥窟的排水口则位于环沟东南方。

回廊的绘卷群

吴哥窟第一回廊西面偏南200米的浮雕上，刻绘了印度大叙

图37 第一回廊西面偏南的《摩诃婆罗多》故事浮雕，在夕阳的映照下，图像生动得仿佛要跃出墙面

事诗《摩诃婆罗多》的战斗场面。第一回廊西南端所在的角落塔石壁上，则片段性地采用了印度传来的神话并将它们渲染成柬埔寨风格，这里所使用的薄肉浮雕手法也让人很容易就能看出其中的内容属于写实性刻绘。

西面偏北处则刻绘展开了印度的另一大叙事诗《罗摩衍那》。尤其是楞伽岛的大型战斗场面，具有很强的现场感，让人在观赏的过程中不自觉地就被它带入到情节中。楞伽岛战斗的情景在西北方两个角落塔的壁面上刻绘得更为详细生动，这里的刻绘集中在几个主要的主题上。而仔细观赏这些浮雕绘图，会发现其中刻画了《罗摩衍那》原著中没有记载、出处并不明确的当地风景，柬埔寨本土风格的表现形式数次掺杂其中。由高棉人所添加的小插曲，使得画面变得丰富热闹起来的同时，也让人感受到高棉人自豪于自身民族性的一面。

图38　坐在宝座上的苏利耶跋摩二世，被众多宝盖覆盖

第一回廊南面偏西处是知名的"历史回廊"，这里刻绘着坐在王座上的苏耶跋摩二世真人像，还把大臣、婆罗门列于国王之前等待其下达王命的真实政治场面原原本本地描绘了出来。而在这前端，还刻绘了军队大进军这样具有现场感的场面，将军们也加入到行军的行列中。行军的先头部队，是乘坐战象勇武壮实的暹罗雇佣军团。

更南面偏东处则是"天国与地狱"回廊，大幅刻绘了阎魔大王（与佛教相同）的审判场景，其中还有地狱的小吏们遵循阎王意旨下达判书的场景。而在这之前，描绘的是善恶审判结果下达后，奔赴极乐净土与堕入地狱遭受刑罚的人们。这处回廊由法国远东学院的建筑家们修复，内墙还设置了扶壁。

柬埔寨版本的"搅拌乳海"大绘卷

接下来要讲述的是第一章中已有所提及的内容，这就是第一回廊东面偏南处刻绘了"搅拌乳海"场面的深受高棉人喜爱的绘图。这里所刻绘的搅拌乳海场面，与印度神话原著文本并不完全一致。例如，印度原典中并没有书写与王子联手的神猴哈奴曼。而且，浮雕中还有水中动物熙熙攘攘在海中游来游去、搅拌棒附近的波涛漩涡也将水中动物卷入其中的场景。

不老不死之药阿姆丽塔（甘露），是将被倒拔起的须弥山作为搅拌棒放入海水中搅动所得。在取得甘露过程中起关键作用的，一是大蛇的力量，二是天神（善神）的力量，还有一个是阿修罗的力量，三者齐心协力、一心不乱，最终让搅拌棒回转起来。

"搅拌乳海"的场面是由反复重叠的多个画面构成的，描绘的图像显得有些单调。但这反复重叠、栩栩如生的场面是用于表现生死往复的轮回转生。这样的"搅拌乳海"浮雕，在斑黛喀蒂寺、巴戎寺等其他吴哥遗迹中也多被刻绘。这样的场面是高棉雕刻工匠们所钟爱的题材，图画中见不到印度的原本，而刻绘的是柬埔寨版本中的动物图像。正因为如此，可以认为："搅拌乳海"是体现出原生柬埔寨文化的本土绘图。

图39 "搅拌乳海"浮雕，双方拉扯着大蛇的身体

而第一回廊东面偏北和北面回廊的刻绘之后并没有完成，而是停留在了苏利耶跋摩二世时代。16世纪中叶，前阿瑜陀耶王朝围绕其邻国缅甸问题而奔波忙碌，吴哥王朝末裔安赞一世（1529—1560年在位）则回到旧都吴哥，开始着手再建吴哥窟第一回廊东北和正北面的浮雕刻绘工事。尽管这里的浮雕题材是众神与恶鬼之间的大型战斗场面，但该浮雕绘图由于受到当时暹罗美术的巨大影响，已经从吴哥时代的美术风格中脱离了出来，也并没有在美术史上得到太多的评价。

作为"水之帝国"的象征

如前文所述,环绕吴哥窟的环沟周长达200米,护岸由段状的石料组合形成的台阶构成。跨越环沟的西参拜道路陆桥,其栏杆的雕绘源自蛇神娜迦,它是由砂岩基石建造而成的。任何参诣者都可以穿过西参拜道路进入吴哥窟。入口处由七头娜迦的立塑像守卫着塔门。吴哥窟的东侧入口的道路并非参拜道路,而是自创建当时起30年间一直输送石材和建材等材料的运输道路。

吴哥窟寺院也被称为"水之帝国"的象征。第三回廊最顶端建有4个长25米、宽20米的小池,构成池子水面映射出65米中央祠堂的壮丽倒影的结构。而从第三回廊走下台阶之处则在宽阔的石床上积留了约10厘米深的雨水,水面也映射出5座祠堂的倒影。当时,这里的祠堂都涂上了金粉金箔,其完美地映照在水面上,让人产生不知身处何方的错觉。从第二回廊走下,这里的建筑构造与圣剑寺中部回廊一样,设置了4座小池,倒映着辉煌的壁面和列柱浮雕。

被大环沟围绕的大型寺院吴哥窟,反映出以富饶经济活动作为根基的繁荣景象。这里将"神即是王"之名和国王的存在进一步神圣化、深刻化,此处的5座祠堂不仅反映并礼赞柬埔寨版本的印度教诸神,还讲述着柬埔寨民族的宇宙世界。

格罗利尔的吴哥"水利都市论"

如前文所述，利用巴莱（贮水池）和土堤灌溉而收获的一年二作稻作物，是供给倚靠水利帝国实现持续繁荣的吴哥人的粮食。本节将从最近的研究成果出发，探讨吴哥的水利状况。

格罗利尔所撰《吴哥水利都市论》论文长达50页，文字连同地图于1979年发表在《法兰西远东学院纪要》上。该文是十分厚重的研究论文，也是解释吴哥王朝发展十分有力的心血之作。格罗利尔基于常年在现场积累的调查数据立论，成就了这篇研究吴哥王朝时必受瞩目的论文。

民族学家乔治·孔多米纳斯教授对此论文赞不绝口，在书评中给予了高度评价。然而，格罗利尔不幸于1980年在暹粒的事务所被强盗入室袭击，当时所受的伤让他于1986年早逝。

与此同时，他的论文也因为调查数据不明确而遭到指责，一时间关于水利都市论的批判持续不断。该论文从巴莱贮存雨季雨水和河流雨水开始论述。由于巴莱建设在扇状平原上地势稍高的位置，人们利用倾斜原理，在旱季通过水路引水入田，可以进行第二期或第三期的耕作，而这也成为国王与相关高官主导王朝存续的重要环节。

格罗利尔从吴哥地区可被耕作的土地面积（包括水利都市区域、雨水稻米耕作区和旱田地区）出发，概算出该地最大的总人口为190万人。名为阿卡的研究者在1998年的论文中，将总人口数字修正为158.8万人。

若按照格罗利尔的立论进一步进行更令人感兴趣的推算，可算出：倚靠自然雨水支撑的农业能够供给14万户人所需的粮食，而倚靠水利都市支撑的农业则能供给28.8万户人所需的粮食。这要养活建设庞大水利系统的14.8万余名建筑者，是绰绰有余的。进一步追加计算，假使约有15万人规模的建设者的话，建设西巴莱大概要耗费三个月的时间。

而导水和配水是如何运作的呢？导水路的确存在，但配水系统却无法检证。而且也没有任何一处碑文谈到如何管理该水利系统。而今有以下几条理由不断质疑批判格罗利尔的推论：第一，寺院、环沟的水没有用于农业；第二，肥沃的田地广布在湖水周边，致使吴哥地方原本就可以实现粮食的自给自足；第三，都城与地方诸州之间有4条以上的夯土道路，粮食可以自由地从各地运送至吴哥。

上智大学国际调查团的"越田灌溉"大发现

笔者参与的上智大学国际调查团于2009年11月9日使用电脑数据图像技术在巴黎的法国远东学院发表了关于越田灌溉的学术成果。

1998年，日本的国际协助机构（JICA）为了帮助结束内战进入复兴的柬埔寨王国政府实现对吴哥地区的农业开发，制成了比例为5 000 ：1的地形图并提供给该政府。而柬埔寨此前只拥有法国殖民时期所制10 000 ：1比例的地图。格罗利尔1979年所撰的《吴哥水利都市论》也是使用了此前10 000 ：1比例的地图而展开立论的。

格罗利尔的论文为了提出新的调查成果和立论而使用了地图，将"吴哥王朝为何会实现繁荣"这个课题从"巴莱、水路和二期作物"角度展开说明，该论文在包括许多专家在内的人士那里都存在赞同和否定两种不同的论说。论文被指责实地调查的证据不充足，持这种观点的多对其持否定意见。

上智大学国际调查团在得到5 000∶1比例地形图的基础上，伴以国际航空公司电脑数据处理技术的协助，力图解释吴哥王朝时代集约农业的实际状态。1997年11月16日，还在日本全国放映了NHK特别纪录片《吴哥窟：未知的水之帝国》。

笔者团队得到了日本灌溉领域专家和地图制成者的协助和建议，制作了电子数据地图，将地形图放大了40倍，并在此基础

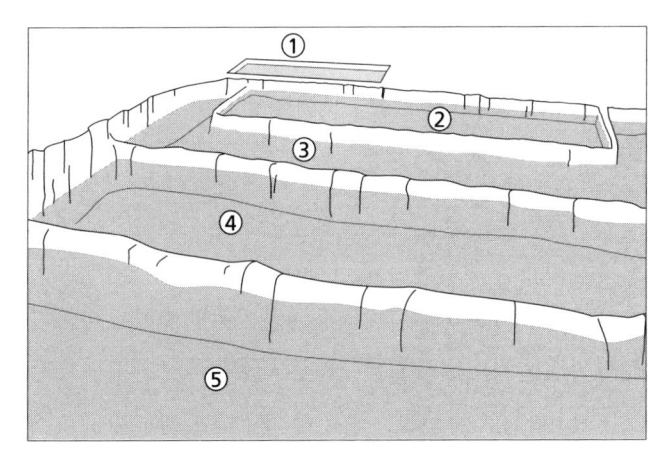

图40 越田灌溉的模型图：将巴莱①中贮存的水流引向下游的②处；水向③下游的水田灌溉散播，这一地区是稻穗生根的地方；④向更下游的水田灌水；⑤巴莱的下游出现多个水田（原图由上智大学国际调查团提供）

上还原出约800年前的地形图来挑战之前的谜团。暹粒地区位于扇形地形之上，高棉人利用稍许倾斜的该地形开展旱季农业。他们在这里实施了一年二作。地图上再现了贮水池，它惠及当时面积达16平方千米的大水田，在这里还发现了人工填土的"畦道"，确认了吴哥地区实施了大规模的越田灌溉。通过这种方式，揭示了王朝经济集约农业的核心部分。根据这一研究结果，可确定当时吴哥地区大约集结了约50万至100万的人力资源，这最终使得大量的大型石造寺院的建寺工程得以完成。但关于越田灌溉的说法，也依然存在赞成和否定两种不同意见。

NASA（美国国家航空和航天局）国际调查团的成果

而后，NASA国际调查团于2007年8月进入吴哥地区，该团队带着解像度在1米以内的图像解析器和可以高清晰解析图像的雷达，在现场确认并公开发表了吴哥王朝时代（9世纪至15世纪）的水利设施和水路轨迹。这是一项涉及诸如巴莱所在地的地形、巴莱和灌溉水路的痕迹、田地的痕迹等多方面的综合性调查。其结果更新揭示了一项史实：吴哥都城过去能够辐射1 000千米范围内的大规模水利灌溉。它确认，通过巴莱的灌溉水路可以将水引流到周边地区的田地。而且，NASA团队还提出了当时鼎盛时期人口超过100万人的假说。它还证明这项水利事业是在国王的强力意志下得以运转实现的。

NASA国际调查团的报告被法国《费加罗报》（2007年8月13日）以"吴哥都城大规模水利设施的活动"为题，进行了全方面报道。而前述的NASA调查成果也被《国家地理杂志》列出一期特辑（*National Geographic*，第15卷第7号，2009年7月号）进行介绍，基于对两位参加调查的专家的采访，以"吴哥的兴亡"为题公布了调查拍照的数据以及被水利所支配的吴哥都城残影的照片。该内容确认了给田地配水的灌溉水路的痕迹，并指出地区的全人口大概有75万人。该文还指出建筑西巴莱堤坝需要动员20万的土木作业人员，而NASA的调查报告也是支撑格罗利尔水利都市论的有力证据。

苏利耶跋摩二世侵伐越南

苏利耶跋摩二世时代，吴哥再度恢复与中国的国交，1116年和1120年，他先后向北宋派遣朝贡的使节（《宋史》卷489《真腊传》）。国王欲建立柬埔寨大帝国并实现东南亚繁荣的意图在中国传播开来，这是通过朝贡的方式宣传苏利耶跋摩二世在东南亚的霸权。

高棉民族在各个时代都与其东面邻国占婆战争不断。它北面的邻国越南到李氏时期于1009年彻底脱离中国实现独立，在此种情势下，地区政治的均衡也被改变了。到苏利耶跋摩二世时，吴哥王朝与占婆的关系完全改变。拥有越南南部沿岸据点的占婆国通过与邻近地区的贸易而享受繁荣。

苏利耶跋摩二世即位之后不久，就对占婆展开攻击，并且他还与大越的李朝进行战斗。1128年苏利耶跋摩二世率领2万军队奔赴大越,被李公平在隆安省(义安省)击退。翌年秋,率领700只以上船只的吴哥船队夺取了清化沿岸北部,而后又不断持续地攻击李朝。占婆于1131年向李朝神宗皇帝(李阳焕,1127—1137年在位)入贡,而1132年它又与高棉军一道入侵义安省,但不久又被驱逐击退。占婆国王因陀罗跋摩三世不再继续对越南进行政治上的冒险。然而,1145年苏利耶跋摩二世入侵占婆,首都毗阇耶被攻陷,占婆随后被吴哥占领。(亨利·马伯乐翻译)

占领占婆后,苏利耶跋摩二世册立占婆后宫中一名占族女眷之弟诃梨跋摩为国王,令他即位,但该王于1149年被杀,自称阇耶·诃梨跋摩一世的新王即位。而到1150年,苏利耶跋摩二世再度向大越派出远征部队,但遭遇大败而归。

而后苏利耶跋摩二世越过扁担山脉,将军队一直挺进到拉昂地区(今华富里府),相传他进一步攻击到今泰国中部地区。泰国的《年代记》谈到,拉昂地区的柬埔寨军队与哈利奔猜国(Haripuñjaya)的孟族人首领拉曼拉斯进行了战斗。它所记载的年代为1150年左右。

总之,到12世纪中叶,吴哥王朝在东南亚大陆部展开了扩张领土活动。中国的《宋史》对12世纪中叶吴哥王朝帝国性扩张进行了如下描述:"真腊亦名占腊,其国在占城之南,东际海,西接蒲甘,南抵加罗希。"到1128年(南宋建炎二年),南宋皇帝"授以真腊国王高官之位,名为'金裒宾深'的国王被中国承认为伟大的臣下"。

毗湿奴派的兴盛与吴哥窟样式的寺院

史籍关于苏利耶跋摩二世的晚年并没有清晰的记载，其殁年也并不明确。现存关于他在世记录的最后一块碑文所记年份为1145年。而1150年，苏利耶跋摩二世还向大越李朝派遣了远征军队，这应该是他统治时期进行的最后一次军事行动。

苏利耶跋摩二世时代末期，在建筑史上占有一席之地的是托玛侬神庙与相邻的周萨神庙这两座寺院，两座寺院中都建造和供奉着风格洒脱的壁面浮雕和精美绝伦的高雅雕像。

坐落在东巴莱东岸附近的美丽的班蒂色玛寺，是由效力于国王的一位高官建造而成的，但该寺院由于缺乏建寺的碑文，其详细始末无法得知。寺院内的空间虽然狭小，却建有吴哥窟样式的小祠堂，可以说是一座被整合的袖珍型寺院。

苏利耶跋摩二世时代，毗湿奴派势力在宫廷内得到了优待。在这种优待下，存在许多供奉毗湿奴神的寺院供奉毗湿奴神。柬埔寨版本的毗湿奴派比起湿婆派而言，似乎更加鼓吹灵魂的神秘性。柬埔寨之所以形成如此热烈的毗湿奴崇拜，据说是受到印度的影响。

这一时期的印度，新毗湿奴派的创始人罗摩努阇开始登场，值得注意的是，他推行印度教改革运动的同时，恰逢苏利耶跋摩二世统治吴哥时期。罗摩努阇是生于1012年印度南部的一位哲学家和宗教家，他把毗湿奴信仰广泛扩大到民众之间。史料上虽然无法确认此时吴哥和印度之间存在频繁往来，但是从外国商人来航和波斯湾贸易的盛行来看，就不得不承认吴哥王朝的毗湿奴信仰与印度本土的这一信仰存在密切关系。从苏利耶跋摩二世的对外关系和吴哥此时向各地远征的情况来看，也可以断定吴哥与印度方面必然存在频繁的往来与交流。

崩密列寺的建立和北部开发

在距离吴哥都城遥远的披迈寺（相距约250千米），往昔通往吴哥的王道依然存在，而披迈寺前约60千米处的丘陵上，则坐落着帕侬蓝寺。这座寺院所在的地区至少自罗贞陀罗跋摩时期起就被确立为上柬埔寨地区（今泰国东北部称之为伊桑的地区）。虽然并没有确切的证据证明这里受到印度罗摩努阇派的影响，但该丘陵地区也有毗湿奴教苦行僧修行的场所。苦行僧们在这里建造了小祠堂，到12世纪前半叶，苏利耶跋摩二世的堂兄弟那连托拉迭提亚完成了其作为武将的光荣生涯后，相传就在该丘陵出家隐遁。帕侬蓝寺就是这位武将投入自己私人财产而建造的寺院。

该寺院本身面积并不大，它位于丘陵的顶上，从通往本殿的参拜道路长度来看，该地区也是吴哥王朝西北部的重要战略据点。丘陵山麓处建有大型巴莱，而更近处的平地则有建造于11世纪的帕莎蒙寺，这也证明了该地区的丰饶富庶。再近处则是阇耶跋摩七世时代所建"明灯之家"的遗迹。

大概在苏利耶跋摩二世统治时期稍前的时候，吴哥开始动工建造崩密列寺。该寺院位于荔枝山山麓，吴哥以东约52千米的位置，是在尚未开发的新地区建造的大寺院。该地位于交通要塞处，其北面面朝贡开寺（约130千米），再进一步向北则有瓦普寺（约266千米），进而还与湄公河的河道相接，通向老挝。从崩密列寺向东约60千米处，则有磅同维区的大圣剑寺（约150千米），当时交通上的分岔路也在这一条线路上。

崩密列寺可以说是吴哥窟样式建筑的微缩版。它的配置和结构近似吴哥窟，相比吴哥窟而言又稍小，是一座平面展开的寺院。而披迈寺也是同样类型的佛教寺院。相传崩密列寺是由该地区拥有巨大势力的地方长官和土侯所建造，但是吴哥地区却丝毫没有发现关于建造该寺院的碑文，所以这是一座存在谜团的寺院遗迹。

充满谜团的耶输跋摩二世

1152年苏利耶跋摩二世过世，王位交到了耶输跋摩二世手中，但这位吴哥王朝第19代国王的出生地和家族系谱却完全不明。延续至今的说法是，在苏利耶跋摩二世和耶输跋摩二世的统治期间，第21代国王阇耶跋摩七世的父亲达尼因陀罗跋摩二世也曾统治了吴哥一段时间，但在吴哥并没有找到任何达尼因陀罗跋摩二世统治的痕迹。这位人物虽然享有国王之名，但事实上他并没有就任吴哥的王位。从这个角度去推论，他大概只是吴哥王朝内部小王国的诸侯或地方长官。

耶输跋摩二世的名字也没有出现在而后阇耶跋摩七世的家族谱系之中。这个史实也说明，这位新国王并不属于该地区的摩希陀罗补罗家族系统。恐怕这位耶输跋摩二世的登场即位是缺乏正统性的。这位国王统治时代的碑文可能被欲排除耶输跋摩二世的吴哥王朝后继者所废弃，人们在吴哥地区也没有找到任何一处言及这位国王的碑文。

但从论及当时状况的证据和只言片语来看，耶输跋摩二世于1150年即位，大概于1165年过世。在他大约15年的统治期间，应该也伴随着一些寺院的建设。有一种假说指出，他在位时期恢复再建了9世纪末所建造的巴空寺。由于该寺院的建筑样式属于吴哥窟风格，因此有说法认为它是耶输跋摩二世时期所进行的修复工程。而耶输跋摩二世并没有将王宫建造在吴哥窟附近，而是建于而今的圣剑寺周边。

耶输跋摩二世从王朝的西部据点华富里远征而归时，有一名高官发起了叛乱。因为此次叛乱出乎意料，这位国王最终丧命。发动叛乱的高官以萃呼番纳地亚迪跋摩（1165—1177年在位）为名，即位为第20代国王。他即位时已经到了1165年，在国内混乱之际，下一任国王阇耶跋摩七世正在远征占婆的途中，相传他是为了帮助处于危机中的耶输跋摩二世而从占婆首都毗阇耶回到吴哥，但详细的信息已无从得知。

占婆军队占据吴哥都城

此时，占婆国王也得知吴哥王朝处于政治混乱状态。而这个时期，萃呼番纳地亚迪跋摩已自1165年起统治了吴哥12年。该国王统治期间到底哪些建筑遭到了毁坏、哪些被重新建造，基本上无从得知。仅仅只有一块铜板记录了该国王的名字，而这也是在距离吴哥很远的巴扬寺被发现的。

当时占婆的国王阇耶·因陀罗跋摩四世于1167年继任王位。这位国王于1170年同大越议和，之后便反复不断地向吴哥动兵。碑文说道："占婆国王阇耶·因陀罗跋摩四世自大不逊，如同恶鬼罗波那一般率领军队来袭，征讨好似极乐净土一般的高棉人国度。"

1177年，阇耶·因陀罗跋摩四世奇袭了吴哥都城。根据汉文史料记载，占婆军队使用水路进攻吴哥。他们从湄公河的支流一直进入到洞里萨湖，还得到中国水员的协助。其他的占婆军队则从陆路出发，克服距离长途跋涉地进军。阇耶·因陀罗跋摩四世似乎还与反对国王的高棉地方势力联手进行作战。最终，吴哥被攻陷，之前发动叛乱的柬埔寨王位篡夺者萃呼番纳地亚迪跋摩也死于这场战斗中。

第八章

伟大的建寺之王阇耶跋摩七世

吴哥史上最光辉伟大的国王

图41 沉浸在冥想中的阇耶跋摩七世头像（现藏于金边国家图书馆）（©Bridgeman Images/amanaimages）

作为吴哥王朝第21代国王即位的是阇耶跋摩七世（1181—1218年在位）。相传吴哥王朝最为繁荣的阶段就是该王执政时期，也即自12世纪末至13世纪最初10年这大约25年间。阇耶跋摩七世建造的吴哥通王城，为了准备对占婆的防卫战，修建了8米高的防卫外敌城墙、宽100米的护城河和坚固牢靠的5座城门，这使得它成为一座城郭型都城。

与国王相关的主要建筑物，有最大的都城吴哥通、镇护国家型寺院巴戎寺、属于国王的僧院塔普伦寺、兼具佛学院性质的圣剑寺、佛教僧院斑黛喀蒂寺等。若不局限于吴哥地区，那么位于吴哥西北约165千米处的班蒂奇玛寺（Banteay Chhmar）、位于吴哥东南约175千米处的地方都城，磅同维区的大圣剑寺以及地方都市的许多寺院都建造于他执政的时期。阇耶跋摩七世还进一步修整了都城通往地方的填土夯土式王道，整备、延长了54座大大小小的石造桥梁。阇耶跋摩七世实现了"条条大路通吴哥"，被赞誉为吴哥王朝历史上最为光辉伟大的君主。

阇耶跋摩七世自第18代国王苏利耶跋摩二世过世的1150年起，就一直在等候即位的时机。阇耶跋摩七世作为王族成员，将柬埔寨国内的事业放置在后，投入到率领大军远征占婆的战斗中。他身处占婆才得知父亲达尼因陀罗跋摩的死讯和耶输跋摩二世即位的消息（1150年左右），进而到1165年，得知占婆国王已经占据了萃呼番纳地亚迪跋摩统治的吴哥都城。

碑文中如此叙述这一时段的政治背景："阇耶跋摩七世为了急速救援耶输跋摩二世而意欲回国，然而不久，耶输跋摩二世的王位和性命都被篡权者夺走。国王为了拯救混乱的祖国，留驻在吴哥国内某处（即大圣剑寺地区，这里也亦是他日后的出击地点），耗费12年时间等待时机。而听闻占族人、吴哥王位篡权者死去和占婆国的阇耶·因陀罗跋摩四世再度攻略并占领吴哥的消息后，他立刻率领军队再度回到吴哥，进而又苦苦等待了必要的用于发展壮大的4年时间。"

巴戎寺的外围回廊南面的薄肉浮雕用大半部分的篇幅内容描绘刻画了1181年洞里萨湖上的决战。占婆军队分陆路和水路两方面进军,将最后的主战场放在了王宫,此时的王宫大概位于而今的圣剑寺所在地区。碑文追述该地成为了血海。占婆国王阇耶·因陀罗跋摩四世最终在这里殒命。

取得对占婆的胜利后,阇耶跋摩七世重振了旧都耶输陀罗补罗和周边地区的实力,而此时柬埔寨全国尚未被他掌控。其后,他持续展开对吴哥国内反对势力的远征。碑文通过"在许多阳伞投下的阴影中"的暗喻揭示了阇耶跋摩七世此时的统治状态,"阳伞投下的阴影"指的就是国王权威尚未到达的地区,也表明国王必须再次对吴哥国内进行一次统一。笔者推论,阇耶跋摩七世平定国内的出兵应该是断断续续的。而实际上,尽管他在1181年即位,但其后不久吴哥不远的地区就发生了叛乱。

出身占婆王国的王子

自苏利耶跋摩二世(1113—1150年左右在位)统治末期至耶输跋摩二世(1150年左右—1165年在位),吴哥国内分裂为数个地区,各地都由小诸侯割据。阇耶跋摩七世的父亲达尼因陀罗跋摩二世,当时很可能是吴哥众多独立小王国中的其中一位诸侯王。从血脉上来说,阇耶跋摩七世是苏利耶跋摩二世舅舅之子。阇耶跋摩七世的母亲邱塔玛尼是第15代国王哈萨跋摩三世(1066—1080年在位)之女,而哈萨跋摩三世原本也是吴哥独立小王国中的一位王侯。他统治的中心地区大概位于距离吴哥西北部150千米的班迭奇马地区。

阇耶跋摩七世致力于在实际政治层面扩大其统治区域,首要方法是通过建造102所疗养院（塔普伦寺碑文，1186年条目载）来巩固他在各地方的据点。国王还在此基础上进一步设置了121座"明灯之家"驿站，在掌握广大国土的同时，实现了中央集权（圣剑寺碑文，1191年条目载）。

阇耶跋摩七世也具有好战的一面。他在即位之前，曾指挥远征不计其数的地方。即位之后，他为了维持国内的政治安定，频繁地出兵镇压地方叛乱。根据占语碑文，马尔扬地区（今马德望）曾多次爆发叛乱，国王为了镇压，派遣了以占婆王子乌衣得亚兰达纳为队长的军队。这位占婆王子幼年时期曾在吴哥宫廷作为侍童为吴哥国王效力，他天资聪颖，相传他也向阇耶跋摩七世宣誓效忠。国王任命占婆王子征讨叛乱，也表明国王相比高棉人将军，更加信赖占婆王子。而在一系列征讨取得胜利后，国王封占婆王子为"尤瓦拉伽"，即"拥有王位继承权的王子"，授予他十分显耀的高官头衔。

关于国王统治的区域，1191年碑文中出现了有关日常洁净水以及它们都被提供给哪些对象的内容："（国师长官）苏尔亚巴达等婆罗门、耶婆那人的国王（大越的李高宗，1175—1201年在位）进而还有两位占族人国王。"而碑文所载的圣水之事在南宋赵汝适所著《诸蕃志》（全二卷）和《岭外代答》中也有所言及。

规格最高的僧院塔普伦寺

阇耶跋摩七世统治时期的吴哥都城建设中，最初修造的大型建筑就是塔普伦寺。塔普伦寺被东西长1千米、南北长0.6千米的

图42 密林之中，榕树的根盘踞在塔普伦寺的屋顶上，防止其坍塌

图43 中央祠堂中的洞口，有一种假说认为，这是一种释放石块压力的装置

红土造环墙围护，由三重回廊将寺内空间分隔开来，是一座祖寺型寺院。该寺院的主神为"般若波罗蜜多"，阇耶跋摩七世以自己的母亲为原型，命令佛师建造立像，1186年安置其于寺院内。以该主神为中心，寺内中小祠堂供奉祭祀了大约260座神佛。创建时它被称为"罗阇威哈拉"（国王的僧院），而后它成为一座印度教寺院，其名称就改为了"塔普伦寺"（梵语中表示古老的意思）。

这座寺院包含了吴哥国内102所疗养院向国王供奉的药石，是储备分配生活必需品的仓库，兼具集中分配场所的功能。这里挤满了二头并驾型的牛车，货物从这里被运往吴哥各地。塔普伦寺被密林所掩埋，直到1860年才被发现。该寺院自被弃置至被发现之前，再没有人员进入此地，常年空置于生机蓬勃的大自然之中。寺内密林中的大树木挺拔高大，肆意生长，祠堂和回廊上也攀爬着树木，寺院看起来仿佛在发出悲鸣的声音。游客们目睹这里被威猛自然征服的戏剧性场面，无不感到惊愕和敬叹。

作为佛教大学的圣剑寺

圣剑寺是在先王的旧王宫遗迹处建造起来的。这里曾经是高棉军与占婆军战斗的主战场。圣剑寺既是僧院，也是培养僧侣的机关。这里收容了大乘佛教的高僧、僧侣以及大量见习僧人，是他们修行和教育的场所。可以看出，这里曾容纳了千人以上的佛教僧人。寺内还安置了数百座中小型的神佛像，各色人等在这里供奉着他们信仰的神佛。根据碑文所述，该寺院以在此修行僧侣为首，大多数与神佛有关者都向寺院供给了食粮，圣剑寺还有特

图44 培养僧侣的大圣剑寺，两层式的建筑十分罕见

别附属于它的庄园村落，寺男寺女（以奴隶身份）在那里从事劳作，据说总数量达到了 97 840 人。

圣剑寺寺内还特别配置了复杂的大小寺院。这里可谓是万神殿，并祀着佛教和印度教的众多神佛。柬埔寨本土的土地守护精灵也被安置在这里。阇耶跋摩七世为笃信各类特定神佛的人们建设了这座特别的祠堂，许多参诣者都出入其间。

中央本殿的主神为"观世音菩萨"，阇耶跋摩七世以自己父亲为原型而建造的观世音雕像于 1191 年被安置在寺内。中央本殿的西侧是与吴哥窟风格相同的毗湿奴神祠堂，中央本殿的北侧则是湿婆神祠堂。圣剑寺总共祭祀着 40 多位神佛。而本殿之外的环墙内，又供奉祭祀着 42 位次要的第二层级神佛。

吴哥时代的诸王被认为是"世界万神的守护者"，也是神佛的化身。国王既是保护者，又护持着律法，保护着国家和财产不为罪人、恶人所夺，若有违反其命令者，则对他们施行刑仗、加以处罚。而且国王按照约定，给予人们食粮并带给人们经济上的利益。

阇耶塔塔卡与龙蟠寺（Neak Pean）

阇耶跋摩七世在圣剑寺的东侧建造了一座巨大的贮水池，名为"阇耶塔塔卡"（长 3 500 米，宽 900 米）。这座贮水池的中央是一座边长 350 米的四方形人工小岛，小岛上也有小池。这座岛现在以"缠绕的巨蛇"的形象以及"龙蟠寺"之名为人熟知。这个名称由来于它中央祠堂的基础部分上两条盘卷起来的蛇的造型。

图45 阇耶塔塔卡中的人口之岛龙蟠寺,由边长70米的大池和4个小池组成

图46 龙蟠寺中人们紧抱神马巴拉哈的等身大小雕像,刻绘出神马巴拉哈(即观世音菩萨的化身)从鬼岛救出遇难船只里的旅人的场景,与实物大小相当(该传说出自《本生传》)

图47 塔逊寺的四面佛尊颜。西塔门入口的四面佛被热带植物缠绕,展现了遗迹的妙趣

其东面的塑像刻画了知名佛经《本生谭》所载救出"漂流到鬼岛的渔夫"的神马巴拉哈与悬在它脚下的众人。阇耶塔塔卡的东面建造了塔逊寺，其中西塔门的四面佛尊像以宝相威严而闻名。

斑黛喀蒂寺院所建之地，相传最初是在罗贞陀罗跋摩治下，由一位怀有建筑家才能的高官加威多拉里玛塔亚在此建造了古老佛教寺院"库底堀"，现在新建造的6座祠堂也是再度利用了过去的古建材。当初的寺院最终增扩为僧院。阇耶跋摩七世在这座寺院的东侧位置修造整备了贮水池"皇家浴室"，它也被称为国王的沐浴室。

防备占婆军队的城郭都城吴哥通

吴哥通是阇耶跋摩七世于12世纪末至13世纪初建造的大都城。该都城轮廓并非完全的正方形，其北侧边长为3 096米，东、南、西侧各自边长为3 031米、3 070米和3 036米。包围着都城四周的城墙没有使用任何墙缝黏合剂，由石砖堆造出83米高的墙壁。

东西、南北走向的城墙各自都有城门（称为大门），除此之外还在连接王宫与东巴莱的基轴线上设置了"胜利之门"，它成了吴哥都城的第5座城门。城门在阇耶跋摩七世建造吴哥通都城之前曾经是往日旧都大路的一部分，它以原有留存的样态被纳入到了新都城内。厚实的木造城门在早间打开、晚间关闭。16世纪住在葡属印度果阿的葡萄牙人科特，详细执笔记载了旧都吴哥通，将通向"王宫"的第5座胜利之门与都城东西南北4座城门

图48 吴哥通都城的大门前，入口两侧排列着众神和阿修罗的雕像，双方拉扯着娜迦

一并介绍给读者。

法国远东学院的考古学家杰克·戈杰还于1992年有关吴哥通都城的《耶输陀罗补罗考古挖掘报告》中，进行了如下记述：

> 都城内，临街一旁许多家宅混杂相间，面对大街的是王宫入口，在大街的背后并行屹立着后宫家宅、女官的执勤室以及下人们住的棚子。干栏式样的高官家宅面向其他数条街道杂然而立，呈现出杂居的状态。近处则相继设置有牛马的小棚、驯象的大棚和安放战斗部件的武器库，这里还排列安置着100台以上的用于防御的弩器车。城内有大小贮水池3处，每家每户外都有煮饭炉灶，炊烟从此升起。还能听到孩童们的啼哭声，整个都城喧哗嘈杂。城门早间打开，夜幕关闭。奴隶和山民则不能

进城。

进入大门需要穿过架在100米宽的护城河上的陆桥，陆桥的两侧并立着四五座相互拔河的七头身的蛇神娜迦巨像，站在诸神一边和站在修罗一方的蛇神胴体相互对峙着，这也是立体表现高棉人所喜爱的"搅拌乳海"神话的雕刻（与吴哥窟第一回廊东面南侧的浮雕相同）。

大门高23米，顶部建造的四面菩萨头顶上装饰着莲花王冠发饰，眺望着东南西北。城门的入口宽4米，这个宽度可以让国王乘坐驯象通过。城门上端的左右两侧还建造了乘坐在三头大象上的因陀罗神，它可以起到门神的作用。

虽然吴哥通是一座新造的都城，但其城内的建筑并非都是新建而成，还保留了之前既已存在的旧寺院。例如10世纪末的空中宫殿、南北库里昂寺、佛教寺院圣琶丽寺等都留存至今。城内西北角的王宫，似乎也使用过去木造楼阁增筑改建而成。在外层包围王宫的城墙高约10米，是以防卫占婆军为目的而设计建造的。

都城内新建造的寺院为中心寺院巴戎寺、象台、狮王台、十二生肖塔等。

万神殿巴戎寺

吴哥通都城的中心部，巍然耸立着镇护国家型寺院巴戎寺，其中矗立着大量尊佛像。这座寺院在刚被发现之初，有人将它归为湿婆神寺院，有人将它归为梵天神的寺院，还有人将它归入佛教寺院，各种说法不一。然而，巴戎寺可以说是一座万神殿。巴戎寺容纳了吴哥国内所有地方的33位地方守护精灵，它们在这里接受人们的顶礼膜拜。中央祠堂里供奉着本尊的佛陀，镇守着这块大地。但是，巴戎寺到第23代国王阇耶跋摩八世（1243—1295年在位）统治时期被改造成为印度教寺院，原本的本尊佛陀像遭到破坏，被投入到井里。直到1933年，佛陀像才被法国建筑家杜威尔发现和修复，现在它

图49 位于中央的是从巴戎寺水井中发现的佛像，图中非复制品，为佛像本尊

被特别安置在王宫前广场内侧附近的平台上。

巴戎寺中央祠堂正面的突出部位所建的祠堂里，安放着有名的阇耶跋摩七世的冥想像，现在它由吉美东洋博物馆收藏。中央本殿南侧的小屋和它南边的祠堂则供奉祭祀着先王。中央本殿的西侧，是被称作帕拉湄释瓦拉的毗湿奴神。北侧无疑是湿婆神的祠堂，但雕像和碑文一件都没有保留下来。

陶醉于巴戎寺

巴戎寺是参照大乘佛教建筑样式建造起来的，而从其氛围来看，则让人感觉是佛教典型的窣堵波风格同高棉建筑融洽亲和的

159

图50 隐藏在地板下的观世音菩萨浮雕表明这一时期巴戎寺还奉行佛教

图51 阇耶跋摩八世统治期间，巴戎寺内刻上了印度教的仙人（苦行者）像

神庙风格混合起来的产物。

若要指出巴戎寺存在的一个缺点，应该是在建筑结构上强加上去而造成崩落的回廊屋顶。巴戎寺没有接受建筑上的技术革新，而且其设计也是杂然无序，并没有进行整合处理。然而，从相反的角度来看，它的这种杂然无序反而增添了让人感到来路不明的神秘性，进而充满吸引力。尤其是安置于祠堂上端的那座庞大的四面佛尊像，其面相的美呈现出非同寻常的魅力。尽管外观的样子呈现出无秩序感，但巴戎寺中的建筑、雕像却是沿着东西南北的基轴线建造的。

沿着稍显晦暗的内回廊漫步，再走上狭窄的台阶，则可从宽广的阳台出来。到达这里，看到的是另一番宽阔世界。各个四面佛的尊像高高低低地屹立，呈现于眼前，给人难以用言语表达的感动。沐浴着满月光辉的佛像，颇具一种神秘的韵味；而即便是在火把的照耀下去看它，也能呈现出灵性，亦是美妙的光景。巴戎寺给人一种陶醉感。除此之外，雨季时雨水浇湿佛像的场景，则被人称为"抽泣的巴戎寺"。

巴戎寺的复杂与明快

巴戎寺体现出复杂中的明快感，给人在迷幻晦暗世界中透出一线光明的感觉。本节列出巴戎寺的各种特征：第一，整体呈十字形，而且中央本殿坐落在堆建而成的高阶上。第二，模仿山岳的中央本殿基础结构部分亦呈十字形，它伸出外部的地方接续着内回廊，这也体现了巴戎寺内部风景的特异性。第三，巴戎寺内部东西南北分明，其他寺院是通过台阶与塔门呈现出东西南北的基轴，而巴戎寺则通过四面佛清晰地划分出四个方位角。第四，内回廊的塔堂与基轴重合，进一步强调了所指示的方向。第五，连接内回廊与外回廊之间的"过渡走廊"被完全损坏，能够清楚地划分过去改建工程的痕迹，也可以看到这里经历了巨大的设计变更。

巴戎寺是吴哥都城的镇护国家型寺院，可以将它边长约3 000米的都城外墙视作基于独特宇宙观而设计建造的围墙。巴戎寺位于外墙所包围的几何学中心部分。寺院是回廊、塔堂、高塔的集合体。寺院整体长160米，宽140米，呈现出矩形状。它正面东侧呈平台状的参拜道路连接着寺院，与参拜道路一起构成了仿佛火箭一样的形状。

复杂的配置与结构

　　巴戎寺的来访者从东侧的T字形平台进入寺院，由这里开始鉴赏外回廊的壁面浮雕。这里的浮雕深刻描绘了前文所述的阇耶跋摩七世的战斗场面和当时日常生活的场面。外回廊的壁面具有开口，通向"过渡走廊"。

　　外回廊的东西南北每个壁面分别都有1个开口，共4个开口，由"过渡走廊"通过，进而将外回廊与内回廊之间的空间分割为16个小的中庭。外回廊的中庭的东北与西南两个方位还建有两座藏经阁。藏经阁有东、西两个入口，它们耸立在高地基筑起来的土台上。

　　关于巴戎寺为什么会具有如此复杂的结构和配置，有诸多种说法。第一种说法指出，这是由于建筑过程中突然发生了变化（美术史家帕尔曼迭尔和建筑家迪马尔塞的假说）；第二种认为在堆建圆形的中央正殿过程中，人们发现了结构力学上存在的缺陷，因而毫不犹豫地进行了大幅变动（考古学者杰克·戈杰的假说）。而这种设计的变更到底是怎么引起的，依然是一个谜，尚没有任何学术上的证据。

　　内回廊相比外回廊的中庭平面平均高出1.3米，内回廊的四个角落都建有角隅塔。其上端雕刻了巨大的四面佛，这也是一种创意，属于寺院最精彩的雕刻部分。

　　中央上部的平台呈圆形，将外回廊和4.5米高的中央正殿连接包围起来。来访者驻足于这个平台，可以将大佛尊像尽收眼底，折服于这种临场压迫感。这里还有以往未曾见到的四面佛尊像，它以高棉人的模样为原型。阇耶跋摩七世所皈依的观世音菩萨像则呈现出稳健并让人心安的微笑。面相四方的佛像，意味着国王的慈悲和支配已遍及全世界。

中央正殿有45米高，曾经它的顶上也设置了佛像。这样的佛面塔总共有49座，在这里还可以看到超过200余尊观世音菩萨的尊像。中央正殿和巴戎寺全体，象征着柬埔寨的宇宙观本身和当时的人们虔诚的信仰。

上部雕刻着四面佛的塔堂佛塔，可在距离此地约150千米的大圣剑寺中看到。在距此约170千米的北方班蒂奇玛寺中，亦能看到同样具有四面佛尊像的佛塔。两座佛塔上的四面佛似乎是由两个地方的佛像工匠安置的。比较不同地方四面佛像所呈现的美感，也十分具有趣味。

述说兴盛的两处台地

阇耶跋摩七世曾经长期以天空宫殿寺院西侧、苏利耶跋摩一世及他的继任者们曾经使用的旧王宫作为经营之地。他对旧王宫进行了区划整备，为了展现出吴哥王朝的兴盛，而实施了新的改建扩修工程。

首先，他建造了边长300米且保存至今的"斗象台"。当时在这座台地上似乎还建起了拥有木造大屋顶阁楼的大型建筑，国王在该建筑的顶部大致可以远眺瞭望来到王宫前的牛车和村民。国王有时还在这里迎接从胜利之门进入都城并来到王宫前广场的凯旋部队。周达观在《真腊风土记》中如此记载该台地："屋头壮观，

图52　斗象台上曾高高地耸立着木造的高大楼阁，从楼阁上还可观看军队的阅兵式

修廊复道，突兀参差，稍有规模。其莅事处有金窗，左右方柱上有镜。"

斗象台的北侧是"癞王台"。这座台地之所以如此得名，传说来自阇耶跋摩七世，现在的村民还在信仰癞王，向建置在该台地上一座单膝而坐的半身癞王雕像进献香烛、鲜花和供品。

三岛由纪夫的戏曲与癞王台

1965年10月，三岛由纪夫与出版社的社员一同从泰国曼谷出发，到达柬埔寨的暹粒机场并首先参观游览了包含吴哥窟在内的巨大石造寺院建筑群。三岛顶着灼热的烈日，看到了坐落于吴哥通中心位置的巴戎寺，见识了高低起伏耸立于眼前的四面佛雕像。三岛从巴戎寺出发，漫步在通往北城门的都城大道上。这条都城大道的东侧直接延伸至王宫前广场。越过大道，位于其西侧的是巴方寺的参拜道路入口，它的旁边则耸立着曾经是旧王宫的天空宫殿寺。而正对着都城大道的，则是高5米左右的"王台""斗象台"，其后再接着是癞王台。癞王台与都城大道的距离大概是250米。

三岛由纪夫是日本代表性的小说家和剧作家，《癞王台》是三岛最后的戏剧作品。三岛是在

图53 置于癞王台上的"阎罗王夜摩天"坐像，被三岛由纪夫选为戏剧题材

亲自造访了吴哥通王宫旧址的基础上，以历史上实存的阇耶跋摩七世为主人公，融合史实与基础，将吴哥王朝的宏大故事创作刻画成这部戏剧。

1969年，这部戏剧初次公演，演员北大路欣也、岸田今日子等参与演出，在帝国剧场首次拉开帷幕。最近，宫本亚门参与演出的《癞王台》于2016年3月在赤坂ACT剧场上演。三岛的这部戏剧描绘了缔造吴哥王朝最鼎盛时期的英杰阇耶跋摩七世最终被病魔侵袭，遭受到命运的打击，在没有见到吴哥王朝未来走向之际就憾然离世的故事。三岛在戏剧的后记中还这样写道："这并不是一部关于癞疮这种皮肤病的戏，而是关于'绝对病'（绝对的爱与绝对的信仰）的戏剧。"

戏剧以12世纪作为舞台，而日本此时已经到了建造中尊寺金色堂（1124年）、由源赖朝担任征夷大将军的世代。

"癞王台"的故事

"癞王"的坐像取材于宗教美术史上具有异彩的神像"阎魔大王夜叉天"（出于欲界六天的第三界的夜摩天进入佛教之后成为了阎魔大王）。该坐像高1.53米，由砂岩制成，制作于12世纪至13世纪。它是一座整体雕塑，面部胡须呈现出印度风格，上半身赤裸，没有法具，从正面看它是拥有男儿身躯的男性，从背面看则呈现出女性像。它具有纤细的腰部和圆润的臀部，是一座挑动官能的坐像。当地还有该坐像的复制品，而复制品也属于第三代雕像。"癞王"雕像的真品依据保护文物的理念而今已经转移到金边国立博物馆。然而，而今该坐像附近的村民们依然笃信该坐像，会根据不同的季节给它穿上黄色锦衣、献上香烛，并总是给它供奉供品。

关于癞王坐像存在诸多传说。在吴哥时代，癞王坐像的所在地有大寺院，而该寺院供奉的本尊就是癞王坐像。相传1177年占婆寇军烧杀抢掠这座寺院时，只有这座本尊被村民们运送到寺外，被安置在而今所见到的平台上。

而且在巴戎寺第二回廊（内回廊）东面小室的壁面上，还刻有描绘该"癞王台"传说的浮雕。绘图中生动地刻画了国王出门狩猎在密林中遇到大蛇（娜迦）、国王被蛇身缠绕而苦痛挣扎的写实场面。为了对付它，国王使用利刃劈砍大蛇，此时他沐浴在大蛇体内喷发的紫色血液中,而相传这就是国王染病的原因。作为护理者的随从们揉捏被病魔侵扰的国王的手足,对他施行柬埔寨风格的按摩疗愈。浮雕上还有数个连续的画面描绘了国王在濒死之际将脚放在侍女的膝盖上的样态。浮雕还刻画了在国王旁边拼命祈祷国王恢复身体的苦行僧们。

吴哥通的王宫自14世纪50年代起至1431年数次遭受前阿瑜陀耶的占族军队的猛烈攻击,最后它在战火中燃烧为灰烬。而今漫步在王宫之内,也可以发现曾经被烧毁的瓦砾碎片。王宫和后宫最终在猛火包围之下彻底陷落。

"明灯之家"与森林的产物

笔者曾于20世纪90年代赴泰国东北部的帕莎蒙寺附近的疗养院遗迹进行调查,在密林深处的晦暗之地,发现了一座石造的小祠堂。这是阇耶跋摩七世建造的102所疗养院的其中一所。

至今为止谈及疗养院的论文,断定疗养院是基于国王佛教思想慈悲为怀的结果。疗养院是将药石作为处方,为得病的村民们实施治疗的场所。柬埔寨人可以使用附近密林中发挥药效的植物;在湄公河和湄南河流域,人们还从附近森林产物中挑选出可作为传统汉方的药石材料。这些疗养院也奉国王之命派出有关负责人到森林产物所及之处选取作为汉方药的药石,他们也赴附近中小河川流经之处采集药石。检证碑文可以发现,7世纪的碑文首先列出了胡麻(K.51),10世纪的碑文则记载了胡椒(K.207),除此之外,7世纪碑文中还列举了白檀(K.451)、具有美容效果的高良姜（K.430）和槟榔子染料（K.454）等。

碑文史料中都记载了这些森林产物，而疗养院的药石也成为当时村民和实务高官等人重点关心的事物。可以推定，当时中小河川的船舶港口市场也是进行这类森林产品物物交易的场所。

在收集疗养院药石的过程中，还存在以高额价格买卖香料的秘密贸易活动。可以推测，来自印度的商人知道该贸易，故依赖当地人收集香料再带回印度。

笔者曾经与越南友人一同为了探寻沉香，从会安进入长山山脉，我们一行人穿过会落下山蛭的高大树林，进入郁郁葱葱的密林。过去越南人把沉香作为线香使用，朋友对笔者说，而今寻找沉香的地方也要作为秘密不能告诉他人，这成为带我进入该地区的条件。从这一点看出，沉香在吴哥时代也是高价物。通过笔者的探索，收集森林产物的可信度得到确认，这也和16世纪的香料贸易关联了起来。

根据圣剑寺碑文（K.908），主干道路沿线设置了121所达兰萨拉（Dharamsala，意为佛法之家），它的别名是"明灯之家"，这种砂岩筑成的小祠堂被保存到现在。这种明灯之家里似乎又有多个连栋木造小屋，石造小祠堂内又由木造家宅将整个疗养院连接起来。小祠堂内部到底执行着什么样的仪式，尚不明了。根据碑文记载，点亮圣火并以之为灯对吴哥时代的寺院而言是重要的仪式，为此还需要配置专门的守卫。

考察碑文，可发现明灯之家存在的时间不仅局限于阇耶跋摩七世治下，有人指出它在苏利耶跋摩一世时代（1002—1050年）

业已存在。最靠近北方的一处明灯之家位于素可泰附近。而调查明灯之家的地理位置可发现，它们多位于柬埔寨国内北部山脉至东北泰（依善）地区。南部地区的明灯之家为什么占少数，目前尚没有明确的原因，根据碑文考察可推测，其分布与森林产物的有无密切相关。

举一个例子，可以确定的是，素可泰地区居住着许多高棉人，他们顺着湄南河溯流而上到达盛产森林产物的地区，并驱使占族人收集它们，也有假说认为最终这些搜集物将被运往吴哥都城。在吴哥附近并没有发现这些森林产物，由此可知，高棉人是远赴素可泰地区获得它们的。

最近还存在另外一种说法，为了获得野生的"漆液"原料，高棉人远赴素可泰地区并暂住在那里，而这个说法也从碑文里得到了确认。

图54 大圣剑寺内残存的"明灯之家"建筑遗迹

如罗马帝国一样，阇耶跋摩七世治下的吴哥国内还整备了干线道路、石桥，尽管地方还存在叛乱，但都能被军队迅速镇压。而这些道路平时作为朝拜名刹的参拜道路和生活道路使用，人们利用这些道路运输各类物品，支撑着王国的繁荣，而"明灯之家"也就起到了从王朝中央出巡到地方时作为歇脚驿站的作用。

《真腊风土记》也确定了明灯之家的存在，指出"大路上自有歇息如邮亭之类，其名为森木"。

疗养院的作用

疗养院在耶输跋摩一世时代就已经设立，到阇耶跋摩七世时期又对它们进行了再组织化，似乎重新活用了它们的功能。所幸的是，在这些疗养院中，还发现了20处记录其规则的梵语碑文。发现这些碑文，经历了漫长且密集的考古挖掘。但仅仅从这些碑文中并不能把握当时疗养院具体发挥了哪些作用。疗养院是真的针对病人进行疗愈，还是仅仅只是配置药石的药局，尚无法明确。

碑文中提到祠堂里供奉了安置的守护神，并且有许多部分言及祭祀和礼仪。根据碑文内容，疗养院还推行着向药师佛像诵经的仪式，大概也祭拜着药师如来。疗养院向诸神佛唤起国王的善行，进一步向它们赞美国王，碑文采取了如此叙述："由于慨叹着众生身体之痛，国王也倍感痛心，万民的疾苦也令国王悲苦，故国王并非为他一己而悲喜。"该诗句实现了把国王作为佛教徒之王的宏愿，并将其作为基本方针。

图55 塔·普伦·凯尔遗址，是设置在吴哥都城附近的义诊机构的遗迹

进一步解读碑文，可以知道疗养院分为四大类型。第一种类型，是设立于距离吴哥都城塔门不远处的4所疗养院。这其中的2所保存状态良好，还可以进行调查。其中之一在塔普伦寺中，面向着吴哥窟的正南面。另一种类型则是茶胶寺附近的"疗养院佛堂"。在这些疗养院从事工作的人员约200名，他们的具体活动状况由于缺乏记载，也模糊不明。关于区分疗养院的记录在披迈寺中也有发现。根据这里的碑文，披迈寺的疗养院属于第三类疗养院，在这里的工作者达到了98名。第四类疗养院相传有50人。而第三类和第四类之间的区别是否仅仅在于使用人数，也还无法明确。

开出36种药石处方的国王

根据碑文可判明，阇耶跋摩七世这位国王还负责对病人进行疗愈，他每年3次提供一定量的药石和药草。虽然从药石清单上无法判断具体的种类，但可知国王提供的分量只有少许，仅具有象征性作用——国王所给予的不过是36种药石和草药而已，这只是当时高棉人所熟知的众多药石、草药中十分有限的一部分。

阇耶跋摩七世的父王达尼因陀罗跋摩二世与他一样，也是热心的佛教徒。达尼因陀罗跋摩二世的祖先们就废黜了印度教的传统行事，相传他们崇拜"释迦牟尼信仰"，推崇"甘露法雨"。也就是说，他们推崇的是大乘佛教，皈依观世音菩萨。但是，宫廷内以帝师为首的印度教国师们依然上演着印度教的宗教仪式，发挥着巨大作用。

吴哥通的碑文中对一位帝师有如下的记述："得知柬埔寨有众多熟知吠陀的优秀学者，为了表明自己的学识，他也来到此地。"阇耶跋摩七世也任用了这位婆罗门作为诸仪礼的祭祀官，授予他"伽亚马哈普拉达纳"的称号。这位帝师奉阇耶跋摩七世的后继国王因陀罗跋摩二世以及下一任国王阇耶跋摩八世之名，持续担任祭祀官职务。

就像罗马帝国中的希腊文化一样，印度文化圈将梵语奉为诸法典的通用语言的同时，也把掌握梵语作为具有高级教养的重要证据。柬埔寨在使用梵语作为祭祀用语的同时，也把它作为碑文用语。特别是向诸神诉达的奉纳文和祈祷文，都是用梵语所书写，再到祭祀现场去吟诵。而阅读这些梵语，就能够明显地判明它们在内容上处于非常高的层次。吴哥窟浮雕绘图中，也描绘了在国王面前用梵语吟诵吠陀的帝师婆罗门阶层。

阇耶跋摩七世在伽亚娜迦托薇王妃过世后，赐予她姐姐因陀罗多薇第一王妃的称号。根据碑文内容,她是"凌驾于当时哲学者之上的智者"。国王任命该王妃作为佛教寺院的院长。空中宫殿的梵语碑文也书写了这位王妃的事迹,而关于阇耶跋摩七世的记述也是从该碑文中引用的。

  目前尚无法得知阇耶跋摩七世准确的去世年份。相传他1218年依然健在,而这种传言到底是否真实?有史料证明,在这一年国王向中国的宫廷派遣了使节。阇耶跋摩七世死后,追授谥号为"马哈帕拉玛萨乌达纳"。

第九章

浮雕所描绘的吴哥都城的众人们

巴戎寺的回廊浮雕

第一章至第八章按吴哥王朝历史发展的顺序供读者们阅读，本章则围绕通过浮雕所描绘的场面展现当时人们的生活。

巴戎寺拥有双重回廊。天井仍处于崩落尚未修复状态的外回廊高约10米，它的壁面可划分为上、中、下三段。从表现主题上看，上段刻绘的是远景，中段是中景，下段则是近景。外回廊壁面主要写实性地刻绘了占婆军和高棉军的战斗场面。1177年，吴哥都城被占婆军所占领，到1181年高棉军才把都城夺回。当时，高棉军和占婆军实际上反复进行了多次攻防战，而攻防战的情景就成为浮雕刻绘的主题。

第一回廊南面再现了阇耶跋摩七世于1190年征讨占婆时高棉军的战斗场面。挥舞长枪、使用圆盾奋战的高棉军士兵皆剃光头发，他们身上盘着施加了咒语的束带，交叉于胸前，裤子前还装饰着垂下的布装饰,这就是柬埔寨民族服饰"三宝服（Sampot）"。

战斗场面中,战象上都配有橹和鞍,身披甲胄以加固防卫的战士们用长枪和圆盾作为武装,有些士兵单手持短弓以备近战或是白刃战。骑兵也持有长枪,插上旗标的"小队长"为了指挥实战跨上战马往返于战场。

双头并驾的战车由于具有机动力,为了报告战况和联络作战而驰骋于战场。大多数的步兵都裸体光脚,右手持长枪,左手持圆盾,是陆战的主力。这些步兵组成方阵,发挥长枪和盾牌的突击威力,而白刃战时出击的则是拥有强大杀伤力的精锐士兵。战场的后方是组成阵型的辎重部队,被征募来担任运输粮草小兵的村民。战象上还配有拉弓射箭的士兵,坐在象头的指挥官身披甲胄,头戴乌头冠,手持小枪指挥着战斗。

回廊浮雕还描绘了逃避到后方到处乱窜的占婆军和高棉战象指挥部队战斗的场景,被白刃战的凄惨场面所震惊的战象们左右摇头,发出狂啸。箭矢像雨点一样"嗖嗖"地飞向占婆士兵。占婆士兵上身着短袖衣裳,下身穿半长裤,装饰着锚型布饰,头戴莲花装饰的头盔,两枚的头巾直垂到肩。处于劣势的占婆军陷入恶战苦斗,大多数的士兵因伤而倒,尸横战场。浮雕还刻画了刚开始退兵的占婆军已血肉横飞、两军进一步陷入死斗状态的场面。

浮雕刻绘出战场上的混乱和激战场景,洋溢着跃动感和强大的力量感,拥有极强的逼真效果,接近写实的极致,人们高度评价它的构图和描写手法,认为它在高棉美术作品中也是卓越之作。

壁面浮雕的水上战斗场面是依据1181年占婆水军来袭、高棉水军反抗追击的激战史实描绘而成的。使用硬木建造的占婆战船，由桨手、划桨长、导航人、掌舵者、船长和陆战精锐士兵组成。

　　战船的船头都配置了象征除魔意义的人面神鹭像，船全长约25米。这种用于河川战斗的战船总共由26名桨手组成，这样的配置才能保证它的速度、机动性和威力。船尾站着操纵船身的舵手，船长立于船首，14名陆战士兵挥舞长枪形成即刻战斗的姿态，一条战船上总共乘坐着42人。

　　占婆水军与陆上部队一样，身着短袖衣裳和半长裤，头戴莲花头巾，进行了完全武装。水上战斗与陆上战斗一样也陷入了白刃战。船与敌船靠近相碰，两船相接时，陆战士兵乘势登上敌船，使用枪和盾袭击对方。而船头船尾则用冲角去破坏敌船，来决定胜败。浮雕中的占婆军从面朝壁面的右手边推进，高棉水军则从左手边突进。受伤而倒的士兵落入水中。游客欣赏浮雕时，仿佛在看动画一般。

　　第一回廊的东面和南面则可看到村民们的生活场面。浮雕在高棉军的后方描绘了村民们作为粮草部队全家随军而行的场面，他们把食粮和大米装在牛车上，拖家带口，牲畜随行，默默走向战场。浮雕中还有头顶着货物而行的女村民和挑着扁担担着大箱子的男商人。第一回廊南面的下段，则刻绘了往昔人们日常的生活场面，细致描绘了家宅和市场的样子。这是体现阇耶跋摩七世治下国内平稳安泰的日常场景的绘图。

　　综上所述，阇耶跋摩七世所建吴哥都城内镇护国家型寺院巴戎寺回廊的壁面浮雕，刻绘了战争的场面和过去农村的日常生活。而为什么要建造这些壁面浮雕呢？

阇耶跋摩七世是敬虔的佛教徒，他笃信观世音菩萨。国王以观世音菩萨救赎所有身处危难的人们、疗愈病痛并推行慈悲为怀的德行作为理想。相传壁面的浮雕具有国王向神佛祈求保佑村民们的宗教性意义，而当时人们的识字率近乎于零，因此有必要向村民们和许多王朝命运相关者展现体现王朝利益的绘图，向国内的民众传颂国王是具有佛心的王。

巴戎寺的浮雕构图、描绘手法和图像表现充满了写实性和成熟感，具有让心灵震撼的逼真性，通过跃动感的动画展开故事。它向人们介绍了13世纪住在吴哥的众人的日常生活以及国王战胜敌军的场面。

在屋外炊事场劳作的厨师

外回廊的壁面上刻绘了厨师长头顶着装有调料小壶的盆子来运送，并指挥着在他手下劳作的其他男子的场景。浮雕还刻画了在桌台上揉捏面粉的面点师和用瓦锅煮米饭的男子。除此之外，壁画上还刻绘了看着炉火大小的火夫，以及两名往大瓦锅里放入野猪的男子。在他们旁边是将草鱼穿成串并烧制烤鱼的人们。周达观在《真腊风土记》里对浮雕上的这种场景有如下的记载：

寻常人家房舍之外，别无桌凳盂桶之类。但作饭则用一瓦釜，作羹又用一瓦铫。地埋三石为灶，以椰子壳为杓。盛饭用

图56 浮雕上描绘的准备野外大宴会的情景，刻画了村民们在森林中为宴会进行准备工作时生气勃勃的样子

中国瓦盘或铜盘。羹则用树叶造一小碗，虽盛汁亦不漏。又以芨叶制一小杓，用兜汁入口，用毕则弃之。虽祭祀神佛亦然。又以一锡器或瓦器盛水于傍，用以蘸手。盖饭只用手拏，其粘于手非此水不能去也。饮酒则用鑞注子，贫人则用瓦钵子，若府第富室则一一用银，至有用金者。

而书中所描绘的厨房和做饭的样态，也是而今可在柬埔寨的村落中时常见到的光景。在家宅外东南角，往往设有炉灶，人们就在这里进行烹饪煮炊。他们所用的炊具、餐具并非日本常见的锅釜和餐具，只有数个小锅和按照人数来分配的深盘。要论引人注目的厨具用品，则有大水瓮、数个中小水瓮和装载了糊状辛辣酱料和香料的中小瓶子。现在，柬埔寨已经不再用手进餐，而使用刀叉和勺子。有关这一点，笔者也谈谈个人体验。为了调查遗迹，笔者曾赴柬埔寨各地并在当地农家过夜，所吃到的饭菜大多是"浇汁饭"；除此之外，还吃到了女主人用大瓮所做的"高棉腌鱼酱（Prahok）"。高棉腌鱼酱是用小鱼盐腌而成，它散发出比日式鲹鱼干的气味还要浓烈10倍的独特臭味。但是，它却是村民们经常食用的健康食品。

描绘市场的鲜活状况

外回廊的南面刻绘了众多人群往来贸易的市场景象。这里有带着孩子赶集的女人们，还有坐在露台上排出各种山货做买卖的女店主，她似乎正处于与买家进行讨价还价的唇枪舌战的最高潮。另外，还有人们将小鹿（也有人说是乳猪）放置到已经沸腾的大锅中以及煮饭的场景，所有的场面都十分写实，栩栩如生地刻绘出往昔日常生活的风景。除此之外，还有担着扁担搬运商品

图57　浮雕中刻绘的采石场，石匠们正在切割砂岩

的人们，最中间的两人的衣裳和头发都和他人略有区别，应该可以判断这两位是中国商人。还有让女人坐在椅子上看手相的人以及在遮阳顶棚的店铺下买卖鲜鱼的女人，她们似乎在大声吆喝，吸引顾客。这样的市场情景也被记载在前述《真腊风土记》的"贸易"篇中：

> 国人交易，皆妇人能之。所以唐人到彼，必先纳一妇人者，兼亦利其能买卖故也。每日一墟，自卯至午即罢。无居铺，但以蓬席之类铺于地间，各有处。闻亦有纳官司赁地钱，小交关则用米谷及唐货，次则用布若乃，大交关则用金银矣。往往土人最朴，见唐人颇加敬畏，呼之为佛，见则伏地顶礼。

外回廊的南面还刻绘了石匠们从森林附近的露天采石场搬运石材的场景。第一回廊的西面也能见到被动员起来的石匠们在施工现场劳作的光景，还有因为梁柱突起来而被责骂的石工。回廊北面的石壁崩裂严重，壁面已经出现了损坏，而在好不容易残存下来的北面西角浮雕，还能见到村落马戏的场面。杂技员两手将孩童托于头顶，表演着用两脚来骑车的绝技。浮雕还把看客观众纳入刻绘的对象中。

这些壁画所描绘的村民们日常生活，而今依然能够见到其中的一部分。例如，雕刻中撑着三角形幌子的二头并驾牛车，曾经是农村的重要搬运工具。森林中粮草部队后方的牛车运输群，将牛车的车体拴住，准备着晚餐，浮雕中刻绘的这一光景在20年前的柬埔寨农村依然能够见到。如今农民离开住所到水田劳作时，依然使用二头并驾的牛车作为交通工具。而到了田间后，他们把牛放牧在附近，把牛车拴起来，再搭上遮阳布棚就在野外宿居。

这些浮雕绘图中还刻绘了弹奏竖琴和拉奏葫芦型小提琴演奏者的小浮雕，以及乘坐轿子的公主的浮雕，它们都是十分可爱且让人心安的绘图。

浮雕还刻画了在与市场相邻的广场上，村里男子正参与斗鸡赌博的场景。挑动着斗鸡的两名男子被许多村民围观，他们大声嚷嚷地争执着。这个场面十分具有临场感和吸引力。其中手振动的样子和身体倾斜的姿态，在美术史上得到了很高评价。其他的浮雕则刻画了大厅里卷起帷幕，正开展着猛犬相斗的场景，而这也是生动绝伦的。斗鸡现在也是柬埔寨男子狂热喜爱的一大村落娱乐项目，现代还出现了用金钱下注赌博的斗鸡项目，而喂饲斗鸡也就成为了村中男子的一大生存意义。

洞里萨湖的渔民们

第一回廊南面上段的浮雕刻绘了撒网捕鱼的渔民。洞里萨湖而今依然是世界上为数不多的淡水渔场，水深随着季节变化在1米至10米间起伏，湖周长280千米，湖岸附近还生长着野生的浮水稻。现在，附近的农家村民们还乘着小舟收割稻子。这里所捕获的鱼被制作成干鱼、熏鱼、盐渍鱼、鱼酱、鱼饼等保存起来，无论古今，它们都是村民们贵重的蛋白质来源。浮雕刻画了洞里萨湖旁喝了椰子酒的渔民们按照船长的指示跳起舞来以助余兴的场面。除此之外，还刻绘了从瓶子里取出某种饮料的人们，操纵

图58　浮雕描绘了来到洞里萨湖的大型中国住家船

着船棹的舵手，水中还有雷鱼一般大大小小的鱼，它们的鳞片都清晰可见。

与湄公河相连的洞里萨湖，当时聚集了许多来自中国的住家船、河船和渔船，它们纷纷来到这里。浮雕也刻画了这些乘船而来的中国渔民。周达观也记述了中国渔船来此的事实。充满战斗紧张感的浮雕在展开过程中，通过将中国人的的形象以有趣的方式呈现出来，令场景具有了一丝诙谐轻松的色彩。

《真腊风土记》的"舟楫"篇中，对造船有如下的记载：

> 巨舟以硬树破版为之。匠者无锯，但以斧凿之开成版，既费木且费工也。凡要木成段，亦只以凿凿断，起屋亦然。船亦用铁钉，上以茭叶盖覆，却以槟榔木破片压之。此船名为新拏用櫂。所粘之油，鱼油也。所和之灰石，灰也……

周达观具有当时中国文人的特质,在探访过程中将自己的见闻事实记载下来,向人们传递了贝叶史料所缺乏的吴哥王朝13世纪末各村落日常生活的样态。

被国王军队动员起来的村民

吴哥地区利用扇状地形构成水利灌溉网并展开了两季稻耕作,这种集约型农业支撑了王国的经济。而国王的军队通过与近邻的对外战争获得了莫大的战利物资。都城的近邻地区向国王缴纳赋税,旱季被动员起来的柬埔寨村民参与建造寺院的工程,除此之外,还有乘坐舟楫来到吴哥的暹族人、占族人、孟族人以及山民也赴建寺现场劳作。他们被分配了稻米口粮,长达数年都在吴哥协助建寺工程。也就是说,有多达数万名人口被用作建寺的人力资源。当时的社会由于推行对外战争,也令营造寺院的工程具有人才保障。另外,当时还推行着一种名为"拉伽卡尔亚"(向国王缴纳赋税及实行军事动员)的赋役制度。

这种赋役原本是驱使村民们从事建造寺院、建设道路和挖掘大池等工程的制度,而如果发生紧急事态,则迅速转变为村民军事动员体制,他们很快被编入国王的军团,持着武器奔赴战场。村民被动员起来的史实,在《真腊风土记》"村落"篇中有"人家稍密,亦自有镇守之官,名为买节"的记载。

随着国王统治领域的不断扩大,赴各地的远征军队规模也不断扩大,为了实现有效支配,整备修建可以急行的道路就成为重要的基础工程。最先建造的道路是为了迁都而修筑的填土式道路，其后修建的是为了方便巡拜名刹名寺而整备的道路。到阇耶跋摩七世统治时期，吴哥建造了通向国内各地、带有石桥的道路，这些名为"王道"的各条大路都得到了修筑和整备，北通素可泰，南达占婆，在必要的时候能够支持高棉军精锐部队迅速出动赴各地战斗。这也成为确保吴哥安全保障的基础设施。这就是所谓的"条条大路通吴哥"。

国王行使武力是令各地诸侯服从的一大手段，但其意图并非完全是要将诸侯歼灭殆尽，而是令其屈从折服即可。被征服的地方诸侯在降服之后，其版图和领地都交给国王，并向国王提供人质和赔偿物，以表示服从和归顺之意，从此之后在国王的统治下效力。吴哥对占婆的战争断断续续持续了近300年，这些战争也是为了令对方服从而行使武力，并非赶尽杀绝的屠戮。这也是基于印度《摩奴法典》外交战略中"达尔马瓦佳（推行善行）"原理而进行的军事行动。

占婆自13世纪以后遭到越南北部黎朝的攻击，受到了屠杀，最终致使国力衰弱，长久无法恢复，到1471年已接近亡国，到了1692年又遭到阮朝攻击，占族人败落，渐成为越南国内的少数民族。从这个史实来看，也可以发现接受印度文化洗礼并逐渐柬埔寨化的吴哥，与受中国文化浸透的越南，在基本方针上存在差别。在战斗中被击败的占族人最终亡命柬埔寨，他们的居住地也被命名为磅湛（占族人居住的河岸），这里成为了人数超过5 000人的占族人聚居地。

达到鼎盛的吴哥王朝，到14世纪中叶与湄南河流域的暹族人（而今的泰人）进行对决。周达观在《真腊风土记》中，记载了

1296年西北部方面所发起的前哨战，它谈到即便在远离战场的农村，也"近与暹人交兵，遂皆成旷地"，临近吴哥的地方遭到了攻击。周达观对此时的高棉军队，有"军马亦是裸体、跣足，右手执摽枪，左手执战牌，别无所谓弓箭、炮石、甲胄之属。传闻与暹人相攻，皆驱百姓使战"的记述。素可泰地区的暹族人常年在吴哥王朝的统治下劳作，他们在与吴哥王朝的交往中逐渐领会到民族自立的觉醒精神与民族共同体意识，而这转化为素可泰暹族人的独立行动。

第十章

条条大路通吴哥：人与物流动的"王道"

此前的各个章节，以吴哥地区为中心，通过对26代国王事迹的追溯，展现出吴哥王朝的兴亡史。本章则通过填土建造的王道向读者展示、介绍吴哥的繁荣是如何扩大影响到其周边地区的。

连接着消失在密林中巨大遗迹的"王道"

作家兼文化大臣的安德烈·马尔罗以1923年12月从吴哥遗迹的女王宫寺院中盗挖了雕像而遭到逮捕，在这一年后他被以"破坏历史建筑"的罪名而得到缓期执行的判决。7年后，他以盗挖的体验为原型，创作发表了小说《王道》（1930年），从曾经在密林中纵横蔓延但现在"依然处于荒废状态且被埋没的王道"出发，谈到它昔日的辉煌和荣光。

吴哥王朝时代（802—1431年）的都城与村落扩大到柬埔寨西北部，延伸到浓密的热带密林地带，填土夯实而成的道路和一部分铺石路所构成供国王巡幸的"王道"贯穿东南西北。马尔罗在他的小说中，洒脱写意地描写了吴哥废都所在的密林内有"被埋没的诸寺，青苔包裹的石佛，石佛的肩膀上还驻足着一只雨蛙"。虽然马尔罗只是在小说中以"王道"作为题材，但随着对吴哥遗迹的调查、研究的推进，已经可以判明"王道"的确存在这一事实。

而进入20世纪90年代，卫星探索也成为可能，这进一步确

图59 直直穿过柬埔寨大地的其中一条"王道"

认了"王道"的存在，并在实际历史发展中发挥了作用。所有的王道都是由地方通向吴哥都城。巴戎寺浮雕中刻绘的载有三角帆的二头并驾牛车，应该是慢悠悠地通过"王道"经过吴哥，再由吴哥走向东南西北的。

连接到班蒂奇玛寺的王道：自吴哥向西北约164千米

自吴哥向西北部的主干"王道"从吴哥通向班蒂奇玛寺，为人们提供了参诣之路，它还经过玛穴寺峭壁，越过扁担山脉延伸到披迈寺。这条"王道"约长250千米，其越过扁担山脉的部分已经到了而今的泰国东北部（伊森），人们可以顺道在那里若干个小型的名刹寺院歇脚，最终到达披迈寺。笔者也向往能顺着这

图60 连接王道的磅格岱大石桥,它还能承受战象军团和现代战车的重量

条道路追溯探索而行。

该道路所延伸到的以班蒂奇玛寺为中心的地区,这里既是寺院宗教区域,也是柬埔寨北部的据点都城。它的起源相传可以上溯到8世纪末,这里在12世纪至13世纪迎来了全盛时期,呈现出荣光与辉煌。该寺院在13世纪初由吴哥第21代国王阇耶跋摩七世建造为从平面向四处扩展的大型佛寺。它的周围还有长约3 000米、宽65米的环沟。寺院的东侧则是长750米、宽160米的大型巴莱(贮水池),附近还建造了8座中小型小祠堂,形成了大型佛教遗迹群。

该寺院与吴哥都城的巴戎寺一样,继承了相同的建筑样式与装饰美术风格,东南西北的参拜道路上都装饰着拉扯着娜迦身体的德瓦(善神)以及阿修罗的雕像。入口的十字形台地以及25米高的塔门顶部,则装饰着该地独特的、体现出慈爱尊颜的四面佛，它们与巴戎寺的四面佛相同。在班蒂奇玛寺，还发现了10处碑文。

在班蒂奇玛寺内部，采用僧院形式、配置复杂的祠堂井然有序地并立。外回廊壁面则展开着与巴戎寺相同美术样式的深浮雕绘图，它雕绘了一系列的历史故事。总之，这里刻绘了与占婆水军交战的战斗场面，写实地刻绘了高棉军败走的情形。除此之外，外回廊的观世音像也被刻画得鲜明生动，在该遗迹处仅存着一处"千手观音"像。

昔日，这个区域大概约有15万至20万的人口，贮水池遗迹也被证实该地应该通过某种方法形成水利灌溉网并推行了水稻耕作。根据法国研究者格罗利尔（《吴哥水利都市论》作者格罗利尔的父亲）的概算，当时建造这座寺院需要2万名建寺人员，他们都从

图61　明显可看出叠涩拱构造的石桥（Spean Thma），而今该桥已不再发挥原有作用

临近地区被召集而来，大概耗费了27年至30年时间最终完成。

两度调查班蒂奇玛寺

笔者于1961年在班蒂奇玛寺采取碑文和浮雕图像，对其进行学术调查。而约40年后，2000年11月8日，笔者又借用柬埔寨陆军的直升飞机从暹粒机场出发，历经40分钟的航行时间再度降落在班蒂奇玛的遗迹现场。从天空俯瞰整个遗迹，首先映入眼帘的是繁茂的密林地带，再仔细往下看，则可以看到环沟和一部分的回廊。巴莱遗迹已经干涸，在正中央则可见到建造的湄本寺。而遗迹附近则有数个小村落，种植了陆稻的稻田蔓延于大地。

遗迹因为内战被废置了30余年，并且人们没有对它进行任何遗迹保存活动，任由其搁置在密林中。在遗迹内部贯穿的参拜道路，石材砖料已被毁坏，茂密的植物则阻扰着外人，让人难以进入遗迹境内。我们从业已崩裂的围墙进入遗迹境内，展开摄影和确定位置等调查活动。我们进而确认了回廊上重要的浮雕的保存状态。

塔门、祠堂、中央本殿、外回廊等建筑几乎都已经倒塌损坏，倒塌的石材上也能见到其他石材崩落在上面，呈现出十分凄惨的状况。35米高的中央祠堂已完全崩塌，石材已经无序地堆积在上，我们一面通过手持的图画确认"这就是中央祠堂"，一面踱步攀爬到遗迹境内的石材砖上。昔日建造的数个高塔和祠堂，也因为巨大树木蔓延其下而崩塌，在威猛的自然生长力面前，班蒂奇玛遗迹毫无回生之术。

我们进一步发现，刻绘在壁龛上的蒂娃妲的尊颜被锐利的刀刃所破坏，可以判断这里曾经也遭到盗掘。该遗迹自1993年起被纳入柬埔寨王国政府文化艺术部的管辖之下，在得到当地居民协助的基础上，遗迹的修复整备工作得以推进，倒塌的石材而今已经回复到原来的地方。到2015年，外国游客似乎也可进入遗迹内游览了。

图62　班蒂奇玛寺的南回廊

班蒂奇玛遗迹距离而今泰国的国境约有23千米。越过玛穴寺的峭壁就可穿过泰国国境，而经过国境线上的数个坡道，就可进入泰国领内的数个小村落。阇耶跋摩七世当时在吴哥国内设置了121所"明灯之家"，其中的一所驿站也设置在班蒂奇玛地区。而今，依然能够判明50多处"明灯之家"建筑。

被称为宿驿的明灯之家，是地方小官和村吏办事的事务所，也是休息之地。1296年造访吴哥的中国人周达观，也有"大路上自有歇息如邮亭之类，其名为森木"的证言。通往披迈寺街道的这座宿驿，原本设置在干线道路沿线，当时似乎直接与地方行政相关。

除此之外，附近相传也有疗养院。吴哥国内设置了102所疗养院，它们都是重要的地方据点。现在依然可以判断出33处疗养院的所在地。

图63 班蒂奇玛寺与巴戎寺的美术式样相同，祠堂上建有四面佛尊颜塔

图64 残存于该寺院西回廊的千手观音的手臂，手掌处的佛陀小像引人注目

建筑在小丘陵上的帕侬蓝寺院：距离吴哥西北约160千米

进入泰国境内，沿着披迈方向的街道向西北前进，最先到达的便是帕侬蓝寺所在的小山丘。帕侬蓝建造在高170米的小山丘的山顶上。它的入口位于寺院的东面，沿着长约300米的石造参拜道路而上，登上台阶后便可到达寺院内的十字形台地。帕侬蓝寺的正殿被方形的回廊所包围，院内已由泰国文化部艺术厅修复的中央祠堂巍然耸立。涂上金箔的祠堂诉说着昔日的豪华。这里的碑文还列出建造吴哥窟的苏利耶跋摩二世之名。

顺着帕侬蓝寺院所在的山丘下山，就能看到这里的巴莱像往昔一样蓄水，而今它依然健在。附近的村落星星点点地分布在这里广大的平原上。进一步朝西面而行，就可到达建造于同时代的

图65　小池旁耸立着帕侬蓝寺的中央祠堂（由上智大学国际调查团提供）

玛穴寺。该寺院由800米的外墙所围，东南西北都建造了塔门，院内有四座"L"字形的小池，而正殿也被内墙小回廊所围。建造吴哥窟的苏利耶跋摩二世以及他的王室成员向玛穴寺提供奉纳。在它的近旁，还建造了面积为6平方千米的巴莱水池。

沿着"王道"进一步向西北而行，就到达了披迈寺。披迈寺被称为"泰国的吴哥窟"，是一座典雅的寺院，炮弹形的中央祠堂华丽耀眼，呈现出往日的威光。它的周边环绕着糖棕，在与柬埔寨相同的风光中，披迈寺的尖塔闪耀着光辉。相传，披迈寺建造于1108年。耐人寻味的是，人们还曾在这座寺院中发掘出阇耶跋摩七世的坐立雕像（而今展示于金边国立博物馆）。昔日的披迈寺曾是吴哥王朝西北领域（而今泰国东北部）的中心地区，在这里安置阇耶跋摩七世国王的坐像，并让坐像接受附近贵族和村民的膜拜，让人感到意味深长。

前往天空中的大寺院柏威夏寺巡礼：吴哥以北226千米

延续到披迈寺的这条"王道"向东北方而去，就成为通往柏威夏寺院的参诣之路。柏威夏寺位于泰国的国境线上，其名字是"神圣寺院"之意。现在在靠近柬埔寨一侧的地方使用水路两用吉普车驶上陡坡，就可到达这条参拜道路的支线道路。柏威夏寺建造在海拔约600米的扁担山上，从悬崖峭壁上可以远眺到洞里萨湖金光闪闪的湖面。要谈到其特色，当属利用该地地形的宏大建筑设计，正殿连着参拜道路，一直从山顶延续到山下。与吴哥窟相同，西面参拜道路处设有它的正面入口。从参拜道路入口到

图66　建于山腰的柏威夏寺，从参拜道路眺望，景色优美宜人
　　　（由上智大学国际调查团提供）

正殿，须沿着850米长的石造坡道攀登，给人一种如同向天空攀岩的实感。

　　根据碑文可以判断，在10世纪初吴哥第4代国王耶输跋摩一世治下，这里就建起了木造寺院。而到了第9代罗贞陀罗跋摩时期，又有石造祠堂、木造祠堂相继建成接受供奉，到第10代阇耶跋摩五世统治时期，又建造了大祠堂和两座藏经楼。到第13代苏利耶跋摩一世（1002—1050年）时，于1026年在整个寺院增扩了僧坊和库房。而后第18代苏利耶跋摩二世治下，高官德威卡拉奉国王之命又指挥增建扩修工程。

　　柏威夏寺是供奉柬埔寨版本的湿婆神的大寺院。该地自古以来就是圣地，就任王位的新国王必然会派高官造访此地，在神面前告知国王即位之事。从美术史角度来考察，这里的博风板和历历可见的石造浮雕是值得探究的。而且这里还安置着罗睺、吉祥天和四头身的梵天神。

从建筑学来看，柏威夏寺内的回廊包围正殿，这是其建筑样式的特征，相传与吴哥窟的回廊样式有着密切关联。而这里正殿的大祠堂就象征着须弥山。

暹族人（泰人）们也到达吴哥

从吴哥地区一路向西，经过湄南河河口三角洲就到达了华富里府。沿着华富里北上，就进入到素可泰地区。华富里地区是高棉人与暹族人的混居地。苏利耶跋摩一世在这里开辟出吴哥王朝西面最前线的基地，大量的高棉人移居到此地。

而到1190年，阇耶跋摩七世在吴哥最北边设置的"明灯之家"遗迹，就发现于距离素可泰城以北60千米的西萨差那莱（Si Satchanalai）。高棉人以华富里为据点，沿着湄南河北上一直扩大领土至素可泰地区。素可泰地区曾经是柬埔寨的殖民地，自苏利耶跋摩一世时代开始就处于柬埔寨地方官的统治之下。

这里还有暹族人混居于素可泰地区的假说。暹族人自伊洛瓦底江而下扩居至湄公河附近，在沿线各地都建立起暹族人据点。其中，湄南河流域的一部分暹族人集团通过陆路以及乘坐船只沿中小河流，自11世纪至12世纪到达了吴哥地区。一部分暹族人还赴建造吴哥若干寺院的现场，成为建寺施工者。碑文中也确定这些暹族施工者的确存在（碑文K.908），他们参与建造寺院的同时，还有孟族人、占族人和山岳少数民族加入协助建寺的行列中。

这些暹族人在施工现场获得粮食补给，而为建寺提供的稻米都是通过巴莱灌溉收获而来的。他们住在吊脚式的干栏式小屋里，作为建造寺院、构架石桥、造就填土道路的施工者，长期在吴哥境内劳作。而其他的暹族人集团则作为王朝的雇佣兵，被雇佣派遣到各地参与战争。暹族人的士兵大概达到了数千人。本书第七章中就谈到了苏利耶跋摩二世时期活跃战场的暹族人战象部队，吴哥窟南回廊浮雕的绘图上也出现了他们的形象。

这些赴建寺现场工作和交流的活动，致使暹族人带着在吴哥王朝的体验与建筑风格回到故乡。最终，这些外出工作的暹族人回到故里，1220年便开始在高棉的殖民地里进行独立运动。

　　暹族人背井离乡，通过数世纪在吴哥地区从事劳作，唤醒了他们的民族觉醒精神。他们将在建造吴哥通时从现场获得的体验原原本本地带回素可泰，在当地开始营造素可泰城，并建造出与吴哥通城一样的"胜利之门"（泰语称为精灵之门）。他们在素可泰境内建造出与吴哥通都城一样的寺院、环沟和王宫。暹族人王侯吸收了高棉文化，装饰了暹族式的佛堂与寺院。（吉川利治：《泰国政治史·文化史论集》，2012年，第149页）

恰巧在阇耶跋摩七世去世之际，高棉人开始向柬埔寨撤回。素可泰的独立自首位国王室利·因陀罗提就任王位后开始。而民族意识高涨的部分暹族人回到阿瑜陀耶，开始建构前期阿瑜陀耶王朝的各项活动。

湄南河三角洲流域高棉寺院的痕迹：距离吴哥379千米

苏利耶跋摩一世在11世纪前半叶曾将自己的统治范围扩大到湄南河流域的华富里地区，驱逐了居住在附近的孟族人集团。他所建立的据点将泰国东北部和湄南河中游地区都纳入吴哥版图，是吴哥王朝西面的要塞。在其领内，高棉系的中小寺院相继建成。而华富里也在1115年和1155年两度独自向中国派遣朝贡使节，他们曾试图摆脱高棉人的支配；但由于阇耶跋摩七世登场，这一地区再度归属到吴哥王朝。

图67 华富里的高棉式祠堂三峰塔，炮弹形的祠堂在远处就很引人注目（由上智大学国际调查团提供）

华富里地区的美术建筑，现存三峰塔（Phra Prang Sam Yot）、已经崩落的山岳型寺院那空索寺（Wat Nakorn Kosa）和经过数次修建的马哈泰寺（Wat Phra Mahathat）。从发现的佛像以及当地高棉系建筑和美术的地方工场来看，这里的建造物都是由当时的佛师所筑。华富里的建筑样式和美术风格，最终也对前阿瑜陀耶王朝产生了巨大影响。而华富里地区也出土了11世纪的古高棉语碑文。

三祠堂联结样式的三峰塔而今依然留存于华富里市的中心地带。在这座具有七层高呈炮弹形样态的高棉祠堂内，依然能够感觉到当时的威容。马哈泰寺是将过去高棉样式残留的影响采纳到素可泰建筑样式中的寺院，它建造于13世纪末至14世纪初。

暹族人把素可泰王朝时期的文化继承发扬到前阿瑜陀耶王朝。创建者拉玛铁菩提一世于1351年以阿瑜陀耶为王都。前期阿瑜陀耶王国的暹族人军队还在1351年首次进攻吴哥都城。而后，暹族人还延续建立了后阿瑜陀耶王朝（1593—1767年）。阿瑜陀耶城也在1732年至1762年迎来了其历史上的最佳时期，许多佛教寺院得以建成，其中的500多座寺院都具有东南亚式的佛塔（pagoda），阿瑜陀耶也是一座上座部佛教艺术十分繁荣的都城。

阿瑜陀耶因为其地理位置，融合了华富里、高棉、素可泰、缅甸、孟族等诸王朝的文化要素，它也被称为是体现泰人同化能力的集大成场所。而且，这里也已经通过事实证明，它在建筑方面体现出高棉（Phra Prang）风格，在雕像方面呈现出乌通派（华富里、素可泰和室利佛逝的混合美术）风格。

经过华富里通向素可泰都城：距离吴哥715千米

从华富里向北再前进336千米，就到达了素可泰。素可泰是湄南河支流永河（Yom River）流域于13世纪至15世纪繁荣发展起来的暹罗人最早的都城，是暹罗文化的摇篮。

素可泰直到1220年还是处于吴哥王朝统治下的一个侯国，许多高棉人都进驻此地。素可泰城内的塔帕殿（Ta Pha Daen）寺是

图68 素可泰都城的佛陀坐像（由上智大学调查团提供）

苏利耶跋摩二世时建造的祠堂，也是素可泰都城留存下来的最古老的建筑。该祠堂是高棉建筑样式的寺院，寺院内部还发现了吴哥窟样式的印度教神像。

素可泰都城的人与西萨差那莱副都城的人一道，自1240年起逐渐开展摆脱高棉人统治的独立活动，而1240年素可泰最早的国王室利·因陀罗提也顺势即位。素可泰进而成为暹罗人国王治下的都城。都城由东西长1.6千米、南北长1.8千米的环沟以及三重城墙所拱卫。当时，豪华的王宫、辉煌绚丽的寺院、寺院的大屋顶与巍然耸立的黄金色佛塔一道，诉说着往昔的繁荣景象。

素可泰地区也是泰国独特佛教艺术的发展之地。诸如花蕾形塔尖的佛塔、游行佛雕像（步行的立佛像）以及装饰佛像的部件等，都发展出素可泰样式的佛教艺术。

14世纪中叶所刻的素可泰第三碑文"廊曼寺（Wat Muang）碑文"中，现存有泰语碑文和相同内容的高棉语碑文，这也证明了素可泰此时居住着直到14世纪中叶为止只能用高棉语对话的柬埔寨人。对不能用泰语对话的高棉人而言，有必要特地将泰语翻译为高棉语以供他们理解。另外还有一个不可思议的史实，阇耶跋摩七世在这里设置了吴哥王朝最北边的"明灯之家"，至于设置它的理由，尚无法得知。

数个原因可证明素可泰无法忽视这些曾进驻在此地的柬埔寨人。其中的一个假说是，高棉人到素可泰地区收集一种涂在吴哥寺院砂岩石材上的野生"漆液"，负责将它送回吴哥。这种"漆液"是一种防水剂，再在上面涂上金箔的话，则可进一步延续金箔上色的时间。将它涂在寺院的砂岩屋顶下，可以防止被雨水浸透。碑文中还多次记载了素可泰地区向寺院进献这种"漆液"。

素可泰城内也遗存了高棉系的寺院，这些都是聚居在此地的高棉人寺院。其中包括了有名的司里沙外寺（Wat Sri Sawai）和素可泰北部的菩培峦寺（Wat Phra Phai Luang）。素可泰王朝初期，高棉人与暹族人共同聚居在这座都城，因此也就建造了许多吴哥样式的寺院。现代的"佛典文字"中也有高棉文字，可见高棉文化已浸透到素可泰的生活文化之中。这也是暹罗人同化能力的一大体现。

供奉佛像的路线：距离吴哥620千米的
街道、通往孟加拉湾的土瓦

自吴哥一路向西，越过扁担山脉通往亚兰（Aranya Prathet），再经过阿瑜陀耶向西而行，这段大约600千米的路线都是供奉佛像之路。这条路线自阿瑜陀耶至湄南河下游，经过华富里，再通往泰国的港湾都市武富里（约439千米）和佛丕府（约612千米），沿着此处向西越过比拉乌达瓦山脉一直到达芒兴寺，进而再向西到达距离吴哥约620千米的土瓦港（今在缅甸境内）。

图69　使用部分砂岩建造的林伽造型的满欣寺（由上智大学国际调查团提供）

阇耶跋摩七世向各地的寺院布施观世音菩萨，这些再度被发现曾接受了布施佛像的寺院包括占婆王国旧都毗阇耶的寺院、毗邻泰国港湾的武富里寺院以及土瓦港附近的满欣寺。而贯穿连接这些都城和寺院的就是这条布施佛像之路。观世音菩萨像被运往接受布施的寺院，寺院与国王形成捐献关系。

而这条通向亚兰的"王道"，自14世纪至15世纪，成为了前阿瑜陀耶军攻略吴哥王朝的运兵道路，数万名兵士由此被输送至吴哥。而通过这条路线，来自莫大的吴哥都城的战利品也纷纷被运往阿瑜陀耶城。

通往占婆的街道北路：距离吴哥425千米

自吴哥向东而行约52千米，就到了崩密列寺。这条"王道"经过崩密列寺，向东直通大圣剑寺（距离吴哥约171千米），抵达大圣剑寺后进一步南下可通往奇梳山寺（距离吴哥约380千米），而它的沿线还有通往占婆王国首都毗阇耶的道路。这条道路的一部分已经与而今柬埔寨的国道一号线相重合，它的沿线及两旁还有数条小"王道"纵贯。

崩密列寺是比吴哥窟更小一些的寺院，建成年代则比吴哥窟早20年，建造于11世纪末至12世纪初。它的建造者是苏利耶跋摩二世和当地的实力诸侯。这座寺院遗迹的设计图、配置图、塔堂结构和回廊等几乎与吴哥窟属同一形式，宛如一座迷你的吴哥窟。它在建筑技术方面则使用了建造吴哥窟之前的技术。崩密列寺回廊的浮雕、装饰艺术在此前尚未介绍，总体来看有九纹唐草花样、交错圆花样和女神图像等，是它的特色。与吴哥窟的浮雕美术相比较进行探讨的话，就可明了寺院的详细样态。

　　崩密列寺的规模如下：寺内有长1 500米、宽600米的巴莱，整个周长为4 200米，旧寺院境内的围墙长1 100米，宽600米，总共面积达1.08平方千米。它还被周长4 800米的环沟所包围。

图70　树木繁茂的崩密列寺遗址，厚重的石造侧壁上有浮雕

崩密列寺是吴哥都城附近最大的地方据点，也是吴哥王朝的副都城。它具有与吴哥都城一样的水利灌溉系统，过去曾是向北、向东的"王道"必经据点。该地方人口集中，寺院附近也有向吴哥都城提供建筑者和劳力的村落。最近还在它附近发现了烧制陶瓷器的遗迹。

从地理位置上来看，崩密列寺距离吴哥都城约52千米，处于柬埔寨的东南部，与吴哥都城有着频繁密切的往来。经过崩密列寺进一步向东南行进，在通过占婆的街道沿线上还有磅士威地区的大圣剑寺（距离吴哥约170千米）。圣剑寺是13世纪初在阇耶跋摩七世治下修整完善的，"明灯之家"就在该寺院的外墙周围附近。它的规模大约是吴哥窟的4.7倍，而且似乎在很早之前就已经是该地的据点都市，从11世纪的碑文中可以看到并确认苏利耶跋摩一世的名字。

圣剑寺境内十分广阔，而今树林已密集丛生，过去这里曾建造了木造的家宅、寺院和僧院等。而且它也曾在阇耶跋摩七世对占婆作战的1160年至1181年间，作为牢固守备的地方据点。

占婆的美山圣地的建筑样式为十字形平台，它的东侧是正面参拜道路。中央正殿由双

图71 正在调查遗迹的石泽良昭（位于中央者，摄于2003年12月19日）

图72　回廊倒塌的缝隙间静静地伫立着女神浮雕

图73　倒塌的回廊成了新生长出的树木和小动物的家园

重回廊所围绕，外回廊上则有边长为48米的四方形空间，过去这里曾经建有中央塔堂，如今已经崩塌，瓦砾堆积成山。现在也有数个寺院和僧院遗迹所留下的基坛，被掩埋在密林之中。

通往占婆街道的南路：距离吴哥398千米

这条街道自吴哥向东南方向行进，经过大圣剑寺之后再通往吴哥王朝的三波坡雷古旧都（约172千米），自诺哥庙（Wat Nokor）向南进一步经过磅湛，沿着南海沿岸，经过占婆旧都藩朗到达占婆的首都毗阇耶。由暹族人所建立的国度自2世纪末叶起，就在而今越南中部至南部沿岸不断推行贸易立国策略，在南海沿岸建立了数个地方据点，最终形成了占婆王国。

图74 供奉在高塔内的大圣剑寺四面佛尊颜

占婆在4世纪末由拔陀罗拔摩一世（Bhadravarman I）在越南中部的美山圣地建造了供奉湿婆神的大寺院。而越南北部的政权对占婆不断施加军事压力，自15世纪起，占婆遭到越南北部黎朝的攻击进一步弱化。除此之外，占婆国内也由于王室继承频繁更迭交替，使得其国势无法延伸，不断呈现出历史性倒退，它的西面也遭致吴哥王朝侵占。

占婆曾经是连接印度、东南亚各地和中国的贸易中转站，是一个通过中转活动而繁荣起来的国度。到10世纪末，以首都毗阇耶为中心的地带趋于繁荣。王国并非行使中央集权制度，似乎是一个联合性质的王国。当强有力的国王出现时，王国境内各势力就跟随服从于他，但地方的各据点则依然推行独自的交易活动。15世纪，黎朝在1471年对其展开攻击，占婆受到焦土作战般的打击。这些占婆的据点也由于黎朝的南侵丧失殆尽，融合印度文化而立国的占婆王国在越南强力军队的打击下，最终进入近乎灭亡的疲敝状态。其后，暹族人逃亡到柬埔寨各地，他们在磅湛（意为暹族人的聚居河岸）还建立了聚居地。岘港而今还建有占婆美术博物馆，从中可以片段性地感受到占婆的历史变迁。

通过老挝河流的街道：陆路距离吴哥约264千米的瓦普寺

自吴哥向东北方向行进，经过贡开旧都（约130千米），进一步沿着湄公河左岸的陆路前行，可到达老挝南部占巴塞的瓦普寺（距离吴哥265千米）。到占巴塞后从湄公河岸乘舟而上，平安渡过浅滩后继续北上，就可以到达万象的河岸（距离吴哥约940千米）。这里还建有吴哥王朝末期的塞风寺。

图75 停止保存修复活动，业已崩塌的美山圣地北祠堂

老挝南部的占巴塞地区是孟河与湄公河合流的地区，这里也被称为是高棉人祖先的故地。的确，瓦普寺附近也发现了高棉系的遗迹旧址和相关的碑文。这里有瓦鲁昂卡碑文（相传刻于5世纪末），而瓦普庙寺附近原本也是神圣之地。《隋书》（卷八十二真腊传）曾记载该地"近都有陵伽钵婆山，上有神祠，每以兵五千人守卫之"。而今的瓦普寺是利用山腹地斜坡建造而成，内部院内还有附属建筑。自吴哥第4代国王耶输跋摩一世开始，这里都与吴哥各代的国王保持捐献附属关系。这里的建筑物都是用砂岩和红土建造，正面的两处平地也有贮水池。相传建造该贮水池的计划就来自吴哥地区开凿巴莱的前例。

第十一章

世纪大发现：280座佛像的发掘重写历史

280座佛像诉说吴哥王朝末期的历史

2001年3月至6月，上智大学吴哥遗迹国际调查团在斑黛喀蒂寺遗迹（建于12世纪末）与柬埔寨国立艺术大学的考古系、艺术系的25名学生一道，在考古学的现场实习过程中，偶然发现并发掘出274座被埋在寺内的佛像。担任此次考古学研修班的负责人是上野邦一（奈良女子大学教授）和丸井雅子，发现佛像的地点就在斑黛喀蒂寺东塔内入口附近的小祠堂（D11）前。

此次出土的佛像皆为大乘佛像，它们制作于10世纪至13世纪中叶并在当时被供奉。当时，这些坐佛像因信仰印度教国王废佛毁释的行动而被毁坏和抛弃。在而后的800年间，它们都长眠在地下。与坐佛像一道被发掘出来的，还有从地下找到的屋瓦片。掩埋这些坐佛像的洞井内，还有带瓦葺的屋顶，这似乎是当时的祭坛，附近村民们大概是通过它来慰抚佛像。在吴哥遗迹内，像此次从一个地点发掘出大量佛像的考古活动尚无前例，这无疑是世纪大发现。这次大发现也吸引了全世界各地的特派记者，将它作为头条新闻加以报道。对国际调查团而言，此次组织的现场实习，也是自成立11年以来最令人称快之举。

这些佛像的发现对柬埔寨人而言，是一次重新建立文化自信的机会，同时它也是重拾民族骄傲的契机。赢得民族独立后，柬埔寨国内曾分裂为四派并展开了内战纷争（1979—1993年）与隔阂，此次发现也在某种程度上将隔阂和争斗吹散了。自1991年起，笔者就率领调查团赴斑黛喀蒂寺现场进行活动，调查团的方针也是"由柬埔寨人主导，供柬埔寨享有，开展柬埔寨人自己的吴哥遗迹保存修复工作（By the Cambodians, For the Cambodians）"，形成持续培养遗迹保存专员的风气。调查团与当地的大学建立了人才培养研究中心，现在依然持续开展"拯救遗迹"的活动。2019年夏天，这里还圆满完成了第56回现场研修项目。

图76　从发掘现场的方向可以看到斑黛喀蒂寺大殿

图77 正在调查斑黛喀蒂遗迹东参拜道路铺路石编码的石泽良昭（摄于2004年3月14日）

图78 斑黛喀蒂寺北塔门，四面佛尊颜从上俯视众生

"娜迦上坐佛"起源于印度

这些从地下发现并发掘出来的坐佛像都身披法衣，体现出它们是"伟大人物"的"印记"便是肉髻（乌瑟腻沙，即头顶隆起的部分）、眉间白毫，它们以这般容姿而显得立体化。而观世音菩萨、般若菩萨的佛像头顶都置有阿弥陀佛如来的化佛（小佛像），这也是它们的一大特征记号。这些佛像呈现出或冥想、或威严、或通达的仪容，它们作为盛装佛还戴着珠宝饰品，但与之相反的是，它们身上既没有穿法衣也没有披上其他任何衣裳，呈赤身裸体状。

阇耶跋摩七世命令佛师建造出佛陀和药师如来像，二者都是坐在蛇神娜迦上的坐立佛像。这些坐佛像呈现出以下的姿态：为了让进入禅定状态的佛陀不被雨水淋湿而将娜迦蛇神卷成一团形成台座，娜迦的七个脑袋如同一把伞一样为佛陀遮雨。

为了调查这种坐于娜迦上的佛像的起源，调查团赴印度北部的马多拉地区开展学术调查。阿马拉瓦蒂地区（1世纪至3世纪为印度南部的佛教遗迹所在地）自2世纪开始便存在被娜迦守护的坐佛像。而这种坐佛像在柬埔寨登场，则到了相当靠后的10世纪中叶。耐人寻味的是，坐在娜迦上的坐佛像到底是如何从印度传到柬埔寨去的呢？但遗憾的是，关键性的记录史料贝叶文献却消失了。同样形式的坐佛像的确存在，但二者是如何跨越相隔700年的漫长时间与广袤空间的，调查这一点就如同手抓云朵一样困难。

但是，在柬埔寨发掘的佛陀与娜迦相组合的坐佛像，也并非完全与印度马多拉地区的坐佛像类似。柬埔寨的这些坐佛像应该是基于佛陀崇高的成道教理建造出来的。它们被附加了高棉独特的图像概念，从中可以看到，高棉人把印度原生的水神和本土存续发展的娜迦蛇神都结合到佛陀造像之中。

"娜迦上坐佛"源自《大乘庄严宝王经》

泰国文化美术研究者A.格丽斯奥尔多在泰国收集的石板碑文，正面刻画了优美的八臂观音像，背面则刻着八行碑文。该碑文（K.1154）内容讲述了观音给予堕落到恶鬼道的亡者圣水，而这来源于述说观世音菩萨功德的经典——《大乘庄严宝王经》。

当时，《大乘庄严宝王经》也传到了吴哥王朝，高棉人根据这部经典而制作了娜迦上坐佛。然而，这部传到吴哥的经典书写在贝叶上，历经年月的侵蚀已经不复存在。吴哥王朝时期并没有使用纸张的记述，印度传来的经典全部都书写在贝叶上。正因为如此，印度经典在传入时常常安排了写经人员进行现场抄写。而今，印度依然在使用、解读着书写在贝叶上的经典，将它们收藏于空调调温储存室中。吴哥王朝时期并没有留存印度的根本经典，也是由于阇耶跋摩七世之后吴哥国内政治混乱，大量书写在贝叶上的写经都遭致烧毁或遗失，最终不复存在了，而仅在斑黛喀蒂寺留存了"娜迦上坐佛"。

印度的这部经典被汉译为《大乘庄严宝王经》。当时这部经典到底是如何从印度传入柬埔寨的，其详细的过程尚无法得知。但还是存在一种假说，认为它之所以传入柬埔寨是由于阇耶跋摩七世皈依观世音，就将经典中的内容制作成娜迦上坐佛。需要调查贝叶书写的《大乘庄严宝王经》以及与它相关的观音像在巴基斯坦的吉尔吉特、尼泊尔、中国等地区和国家的流传轨迹，推进考察它与吴哥时代"娜迦上坐佛"之间的关系，才能真正确定其在历史上的地位。

图79　娜迦上坐佛

巴戎寺的本尊佛像为何被掩埋

巴戎寺佛像被废弃掩埋的原因是什么呢？目前仅在假说领域出现了一些解释，下面笔者就列举出其中排第一的理由：如前文所述，阇耶跋摩七世笃信佛教，将此前吴哥推行的"神即是王"信仰转化为"佛即是王"并加诸自身，他在各地建造了大量佛教寺院，最终成为指导王朝实现盛大繁荣的伟大国王。但阇耶跋摩七世去世之后（1218年），吴哥再度围绕王位继承问题出现了权

图80 从地下挖出的280尊佛像，左上方是千尊佛石柱

力斗争。阇耶跋摩七世之后即位的第22代国王因陀罗跋摩二世（1219—1243年在位），从片段史料和改修寺院的事实来看，应该也是一位承认、容忍佛教徒以及佛教的国王。但此时，王室内部依然存续发展着笃信柬埔寨版本印度教的湿婆派和毗湿奴派。曾经在苏利耶跋摩二世时代获得国王承认的毗湿奴派一度处于主流。即便在佛教优位时期，推行宽容政策的阇耶跋摩七世也承认并继续发展这两派宗教活动。到了因陀罗跋摩二世执政时也并无二致。但因陀罗跋摩二世之后，围绕王位继承的斗争最终导致笃信湿婆神的阇耶跋摩八世（1243—1295年在位）作为吴哥第23

图81 为了将暂存于上智大学亚洲人才培养中心的千尊佛石柱运送到西哈努克吴哥博物馆进行展出，出发时举行了佛教仪式（由上智大学国际调查团提供）

代国王登上王位。册立辅助这位新国王的湿婆派势力，为了推行反佛教运动而集结力量，出台了过激的废佛行动，这也导致大量的废佛像都被掩埋在斑黛喀蒂寺。斑黛喀蒂寺附近的村民们在小祠堂前挖掘出掩埋佛像的洞穴，将大尊佛像放置在外侧，中小佛像放置在中心，一面诚心诚意地凭吊每尊佛像，一面将它们埋在地下。

"建寺疲劳说"的矛盾之处

博学多识的乔治·赛代斯是解读柬埔寨碑文的集大成者，也是构建了古代柬埔寨史框架的研究者，被称为"柬埔寨史的商博良"（商博良在1822年对埃及的象形文字进行了解读，划时代地

图82 柬埔寨本地的遗迹保存专员在现场研修时进行发掘调查

推进了古埃及史研究）。他在1964年的著述中提到，"阇耶跋摩七世的事业对人们来说是重大的负担。他时常发动对外战争，而自苏利耶跋摩二世以来，吴哥推行的大型寺院建设工程也使得人们疲惫不堪，在这之后，柬埔寨也逐渐丧失了应对邻国（暹罗）攻击的抵抗力"。

法国研究者们得出一致性结论认为：由阇耶跋摩七世完成的众多大型寺院建设，导致吴哥王朝破产，使得王朝疲敝，致使王朝走向衰落。这就是说，由于建寺疲劳导致王朝崩溃。但是"建寺疲劳说"存在许多疑点。

13世纪至14世纪，吴哥王朝除了迎来此前就到达这里的印度人之外，还有中国人周达观造访。周达观于1296年造访吴哥，他回国之后撰成了《真腊风土记》。而他来访吴哥时，也正是阇耶跋摩八世结束了约52年的统治后的第2年。

大量佛像被损害是在阇耶跋摩八世即位时发生的。这位国王作出了破坏佛像的命令，相传当时吴哥全国各地都遵照实行，但在距离吴哥城遥远的班蒂奇玛寺、大圣剑寺则未见毁佛的痕迹。由此看来，此次废佛还是以吴哥附近的地区为对象。

实行废佛者多是湿婆派中将信仰付诸实践的男子。废佛的指导者则是从印度到吴哥的萨尔瓦朱里牧里，他是阇耶跋摩八世的帝师，当时担任宗教事务官。他带领从印度而来的同行者们从孟加拉湾的瓦普寺登陆中南半岛。他们经过芒兴寺，通过华富里，通过填土道路最终到达吴哥城。这位帝师领衔的湿婆派属于过激的宗教派系集团，相传他们在别人面前从不饮食，周达观在著述中谈到他们，称其为"八思惟"，还指出他们祭祀"一块石"（即林伽）。

13世纪末远航赴柬埔寨的大多数中国人都见证了大型石造寺院吴哥窟，他们还更进一步造访了吴哥通，都为这座黄金涂装的豪华都城感到震撼。他们改变了此前持有的"南蛮史观"，将这里褒扬为"富贵真腊"（《明史·真腊传》）。而"富贵真腊"这一评价，正是中国人实地见证了吴哥都城绚烂豪华的寺院和城郭之后，传达给世界的。

周达观所造访的吴哥都城市场，已经可见南海的物产和贵金属制品买卖，而且人们还在这里交易白檀、胡椒等香料和药石。市场的人群络绎不绝，交易的商品也堆积成山。吴哥王朝最兴盛时期的繁荣景象都被描绘进《真腊风土记》中。而关于吴哥王朝此时的政治，《真腊风土记》则称这里一直持续着以母系家族为中心的"神即是王"的寡头政治。

周达观以特派员式的目光，详细地报告了阇耶跋摩八世以及逢迎着他的高官们治下的政治、社会、经济生活。不过在他的报告中，也谈到了吴哥王朝此时已经为暹罗势力（前阿瑜陀耶王朝）的领土扩张野心感到窘迫和不知所措。

新的历史假说

根据法国研究者的说法，吴哥王朝在苏利耶跋摩二世所统治的32年以及后续阇耶跋摩七世统治的37年间，陆续不断地营造了大型寺院，社会全体呈现出疲敝状态。因此从这两位国王大肆建寺之后，就不再建造大寺院。建寺疲劳是导致吴哥国力衰退的原因——多数法国研究者都支持这一学说。的确，吴哥王朝末期存在着颓废派一般的衰退事实。

但是，根据前文谈到的世纪大发现以及280尊废弃佛像可知，浮现出了重新看待和书写这段历史的新线索。笔者在这里欲整理此前业已考察的片段性史实，再度审视之前的学说，提出新的历史假说。

阇耶跋摩八世再度兴建了数百年前就废止的印度教寺院。例如巴方寺等寺院，在建寺230年之后已经处于荒废状态，但到这一时期它再度在王命庇护下，被重新涂上金箔和银箔，基坛也再度被修复，整个寺院都复苏了，得到了重生。国王还向大多数人宣告他将复兴柬埔寨版本的印度教信仰。

而为了发挥用印度教来健全阇耶跋摩八世所统治的政治机能，就需要铲除当时处于印度教之上的眼中钉佛教，于是国王便发出废佛的命令，奉王命而废佛的运动随之而起。这致使大乘佛教相关人员（僧侣和村民信徒）都逃离各个村落，取而代之的则是各个村落新兴起的上座部佛教。

被视为邪教的大乘佛教几乎遭致灭绝，寺院中的佛像也被破坏，吴哥境内刻绘的佛像浮雕也被削除。为了体现一直以来就存在的"神即是王"权威，国王又下令再度在寺院雕刻出新的林伽像（比如塔普伦寺）。而印度教的苦行僧雕像也被雕刻在石柱上，人们对其进行礼赞和膜拜（比如巴戎寺）。为了让曾经的佛教寺院巴戎寺发挥新的镇护国家型寺院作用，它被重新涂装，内回廊的浮雕和破风石梁上刻绘的佛像被削除，并追加了再度改修的工程。重新修建的巴戎寺祭祀供奉诃里诃罗洛耶神（湿婆与毗湿奴神的合体）。与其同时，四面佛尊塔上的佛面被替换成湿婆神、梵天神，以此来向参诣者说明寺院的整合性，取得参诣者的认可。

如此一来，由阇耶跋摩八世所主导的印度教寺院再生工程接续进行。此前推行佛教的巴戎寺被替换为体现印度教三神（湿婆、梵天、毗湿奴）的镇护国家型寺院。阇耶跋摩八世并没有遵照之前的惯例新建镇护国家型寺院，而只是在原有寺院的基础上重修改建。

周达观在《真腊风土记》中，则如此描述寺院："东向金桥一所；金狮子二枚，列于桥之左。"从巴戎寺北门走出，大约走200米就可到达拥有铜塔的巴方寺正面，从它的正东面沿着带有浮桥的参拜道路前行420米，就可到达巴方寺正殿。

巴方寺是乌达雅地耶跋摩二世治下兴建的镇护国家型寺院。周达观在其兴建230年后亲眼见证了新的巴方寺。他称新建的巴方寺比同一时期的巴戎寺更为高大，是一座豪华且相传十分灵验的寺院。以周达观所记载为事实，可以看出当时的巴方寺已经得到新建，许多村民都赴此参诣。而到了16世纪，巴方寺西侧又设置了涅槃佛像。

阇耶跋摩八世治下是积极应对国内外政治局势、取得52年长期安定的时期，这也是驳斥建寺衰退说的一大史实。这一时期，王朝继续维系了水利带来的集约型农业生产，安定的生活环境并没有遭到破坏。1283年，元朝派遣小部队进攻吴哥，但也被吴哥王朝军击退。1285年柬埔寨还正式向元朝派遣朝贡使节。在阇耶跋摩八世的政治主导下，柬埔寨推行了面向亚洲的外交战略。

而从周达观的报告中也可以判断，此时都城在进行大型改修工程，吴哥国内依然维系着农业经济。如前所述，许多中国人都见到了拥有闪耀黄金尖塔的都城实态，形成了"富贵是真腊的特征"这一认识。

由此可见，法国研究者所提及的建寺导致王朝疲劳衰退一说，在当地的史料中并没有见到。自13世纪后半叶至14世纪初，这里应该持续地维持着安定繁荣的局面。然而，也有人指出，此时王朝已经无法再度兴建像吴哥窟一般的大型建筑。吴哥都城也没有再度建造大型石造寺院，此前由素可泰地方所提供的、作为防水剂涂在砂岩堆造建筑上的"漆液"，也不再成为吴哥王朝的必需品（这个问题目前还在调查中）。

阇耶跋摩七世统治时期纳入支配范围的西北要地素可泰，到13世纪前半叶已经赶走了柬埔寨人地方官，至1240年素可泰王国实现独立。湄南河下游地区到14世纪中叶，也兴起了前阿瑜陀耶王朝（1352—1596年）。建立这个王朝的暹族人（泰人），相传是13世纪前后自中国云南地区沿着湄公河等大河川移动到中南半岛的人群。因此，高棉与泰这两个民族，虽然是近邻却属于似是而非的状态，在历史、语言、生活文化等方面完全不同，已经超越了"言语相通"范围，他们之间存在很强的敌意，此前反复不断地进行着激烈的战争。

吴哥都城的陷落：关系柬埔寨民族存亡的炽烈战争

从历史的发展来看，吴哥王朝灭亡的主要起因是自14世纪中叶开始持续了约80年的、与前阿瑜陀耶王朝所展开的数次激烈战争。根据泰国的《阿瑜陀耶王朝年代记》，拉玛铁菩提一世所率领的前阿瑜陀耶王朝军队，在1351年首次攻击了吴哥都城。

最终，到拉玛铁菩提二世时期，他率领的前阿瑜陀耶王朝军又再度进攻吴哥城。此时，吴哥王朝军进行了顽强抵抗，令前阿瑜陀耶王朝军一度撤军，他们再度呼叫援军等待下一次更大的进攻。此时，吴哥王朝之前建造的广阔并带有石桥的填土道路由于直通阿瑜陀耶地区，反而被前阿瑜陀耶王朝军所利用，在吴哥军队尚没有做好防卫准备之前，阿瑜陀耶就急速派遣了数万规模的大军前往。在一气呵成的气势下，吴哥抵抗的军队遭致毁灭。对吴哥王朝而言，这也是一大误判。

前阿瑜陀耶王朝军随即包围了吴哥通都城，并采用了彻底的焦土政策。吴哥通内的楼阁、王宫、仓库、家宅都被放火烧毁，这是一场属于屠杀性质的惨烈战斗。吴哥都城在此次被焚毁的战斗中遭到极为惨烈的破坏，最终前阿瑜陀耶王朝获得胜利（《阿瑜陀耶王朝年代记》)。

获得胜利的前阿瑜陀耶王朝军，从吴哥都城俘获数万高棉人，掳走莫大的战利品而归。约50座金属制乘坐在驯象上的修罗大雕像以及十分具有价值的佛具都被运到阿瑜陀耶。这些工艺品、贵金属等都被放到阿瑜陀耶领内的各名刹里安置供奉起来。

吴哥窟距离吴哥通城30千米，故破坏行为没有波及到此地，前阿瑜陀耶军队也没有攻击作为寺院的吴哥窟，故它安然地保存下来。但寺院内的青铜佛具、法器、金属制幢幡和璎珞等都被掳走了。

最终，持续了约600年繁荣的吴哥都城归于灰烬，持续了26代国王的吴哥王朝也由此告终。以王族为首的柬埔寨人放弃了吴哥都城，被中国人褒扬的都城和大王宫从此消失于众人眼前。而吴哥都城的废弃，也宣告了一个时代的终结。

后吴哥时代柬埔寨王朝的存亡简史

吴哥都城的废弃是历史性大事件，也是划分一个时代特质的标志。对柬埔寨人而言，吴哥王朝时代大概是进入中世柬埔寨的起点。在与前阿瑜陀耶王朝的战争中存活下来的高棉人，都以远离吴哥都城的南方安全地区作为目标，纷纷向南逃亡。

后吴哥时代的迁都可谓是目不暇接。高棉人先后迁都至斯雷桑托（1433年），金边（1434年），洛韦（1535年）以及乌栋（1618年），而每一次迁都也伴随着大量人口的迁徙和移动。人们纷纷移居到距离暹族人稍微遥远的地区。

这些高棉人在移居之前，首先确保衣、食、住，再进一步构筑新社会生活的基础。尽管高棉人依然存续了吴哥王朝时代一部分日常的生产生活机能，但在新开发的各个村落里还是发生了巨大变革。新开发土地上确立的新体制，只是画饼充饥地应付寄居在此的人们，大家得过且过，最终过着凄惨生活。之所以如此，是因为此时的柬埔寨王国仅仅只是在形式上保持存续状态。1594年，前阿瑜陀耶王朝攻打洛韦王都，而后又展开了柬埔寨、暹罗和越南三国战争，柬埔寨国内也围绕王位不断出现内部纷争；这一时期村民们组成数千人单位的军团奔赴战场，16岁以上的男子都被征用成为士兵。

由于暹罗军在战争之前就赴现场调配食粮，一旦发现了村落，暹罗人便层层包围，让高棉人村民无法逃脱。柬埔寨的村落遭到掠夺，被放火烧毁而成为废置的村子。王国仅在形式上得以维持，王国的存续终归不过是维持以前的传统。此时以国王为首，村民们皈依了上座部佛教，向上座部诸佛诉讼暹罗人的不义之举。

两位柬埔寨历史学者提出了新"后吴哥时代史"学位论文

1953年，柬埔寨摆脱法国殖民者实现国家独立。大约过了30年，到1983年，金边大学的两位历史学者玛库·芬教授和金·索库教授倡导践行并分工协作，为填补后吴哥时代史这一约430年间的历史空白，展开了基于柬埔寨民族视角的研究。两位教授自1982年开始就赴巴黎第三大学的国立东洋语言文化学院（INALCO）担任柬埔寨语系教授。而他们为了博士论文而开展的研究活动，则属于个人的工作。

两位教授赴法国各地的图书馆、研究所、财团文库考察留存在那里的柬埔寨诸史料，并持续对这些史料进行甄别批判。而从柬埔寨回到法国的一些研究者，也逐一对从柬埔寨国内入手的贝叶史料以及现场的柬埔寨语文献展开考察。由于两位教授刚好也在巴黎，他们互相进行了交流访谈。

玛库·芬教授主要阐明柬埔寨中世史，而金·索库教授则涉猎柬埔寨近世史。1993年，两位教授向巴黎第三大学申请博士学位论文，最终取得了法国的博士学位。而这也是柬埔寨研究者凭自己的努力初次在"后吴哥王朝时代史"领域取得的成绩。

两位教授所涉猎的是1431年至1860年阶段的柬埔寨历史。此时也是中南半岛上的暹罗人、越南人、柬埔寨人都为了各自民族存亡，持续不断进行三国间战争的时期。此时对弱小的柬埔寨民族而言，也是一段让人恸哭的历史阶段。两位教授力图构筑真实的三国关系史，也力图撰成控诉两个强大邻国的史书。

两位作者使用的史料，涉及以往《柬埔寨王朝年代记》残简本和其他版本，他们还精查了暹罗和越南方面史料，参考西欧传教士的文书，以此来诠释阐明真实的历史。两位学者的学位论文作为法国远东学院的学术成果出版，成为法国及欧盟的亚洲关系学会都盛赞的历史著作。

西哈努克吴哥博物馆的建立

本章在最后一节，欲对重新书写吴哥王朝史的280尊佛像大发现以及之后的发掘状况进行阐述。上智大学曾经向永旺财团提出申请建设公开展示吴哥280尊佛像的博物馆,而2007年柬埔寨终于建成了"西哈努克吴哥博物馆"。

建设博物馆这一想法发端于2002年3月,当时造访吴哥地区参加植树活动的永旺财团创始人冈田卓也名誉会长在当地鉴赏了佛像,他被这些高贵美丽的佛像所感动,进而有了建设保存、展示吴哥出土物的博物馆这一构想。

2002年,笔者与冈田先生一道拜谒了当时的西哈努克国王,向他说明了建造博物馆的意愿。国王对此表示赞同,柬埔寨政府还无偿提供了建设用地。上智大学也因此成为建筑方之一,最终在进入遗迹附近的场所上建造了这座博物馆。2007年11月,以柬埔寨现任国王西哈莫尼为首的两国相关者执行了博物馆揭幕仪式。博物馆从落成揭幕之日起就被捐赠给了柬埔寨王国政府。这座博物馆还获得了国王授予的特别"国章",并将其挂在了入口处。这也是柬埔寨从此继金边国立博物馆后,拥有的第二座国立博物馆。它也是吴哥地区的第一座佛像博物馆,管理和运营都由吴哥地区遗迹管理机构(APSARA)担任。自建造起至2017年,10年间所有的改修和补修工程都由永旺财团全额负担并实施。上智大学的吴哥遗迹调查团,自1991年开始就在吴哥地区开展培养当地遗迹保存员的现场研修,也正是在研修过程中发现并发掘出了280尊佛像。西哈努克吴哥博物馆是由永旺财团支援的博物馆建设事业,笔者认为这也是日本向东南亚作出重大文化贡献的一大实例。

终 章

被国际政治翻弄的柬埔寨：从零开始再建国家

自20世纪70年代起，柬埔寨就被牵连到邻国越南的战争中，国内出现政治大动乱局面。而后在波尔布特政权下（1975—1979年），约150万以上的知识分子遭到屠杀。到1991年，国际社会对柬埔寨问题召开了巴黎和平会议。根据该会议确立的和平协定，包括韩桑林（Heng Samrin）政权在内的四大派别设置了最高国民评议会（SNC），1992年"联合国柬埔寨临时权力机构"（UNTAC）的维持和平运动也得到成功推行。联合国难民署（UNHCR）的高级事务官绪方贞子（上智大学名誉教授）也尽力帮助柬埔寨难民实现回国返乡。终于在1993年，柬埔寨王国再度成立。此时，没有什么能比吴哥窟这一切实存在于人们眼前的遗迹更能重新回复高棉民族的自信感。

衣食富足至来世：自力救济主义

现在的柬埔寨人笃信上座部佛教，每个人都祈念积攒功德。村民们热情款待托钵行僧，这成为他们期待自己能够实现解脱的敬虔行为。而柬埔寨人最为关心的，则是来世能够生活在极乐净土中，每个人心中首要的目标也是让自己最终到达极乐净土。这里的人们相信吴哥地区拥有颇具魅力的天女，祈愿者众多，即便朦胧模糊、带有戏谑的样态也能在这里被接受和承认。上座部佛教是属于出家者的佛教，奉行自力救济主义。柬埔寨的僧侣们不结婚生子，以实践修行达到涅槃境地作为最终目标。

东南亚大陆地区在雨季（5月至10月）每天都会降雨，而在旱季（11月至次年4月）几乎没有降水。生活在这里的人们确实可以通过最小的努力享受生活，因为自然的雨水就可以满足稻作生产。这里的人们也不需要为了御寒而特别准备秋冬季的衣服和带有防寒保暖设备的屋子。干栏式房屋的设计中，为了耐酷暑而修建了让凉风通过的走道。村民们也喜好贯通周围树林的凉风，他们架起吊床，在这里享受白日梦。柬埔寨人与自然环境相随相和的传统日常生活，与严守时间、以勤勉为基轴的日本人的生活，当然有着天差地别，这也体现出生活标准的差异。

在这里，酷暑、雨季、旱季的气候变化确实没有阻碍当地人劳动的意欲。村民们悠闲地从事日常劳作，他们在树荫下乘凉避开阳光直射，仅仅在早间和傍晚进行农业耕作。

治愈人心的世界遗产：本尊确实存在令人们寄予共感

　　我们所生活的现代已成为一个毫无确定之物的时代。人们每天起床如果没有通过媒体听闻各种凶恶的犯罪事件和事故，会有莫名的闭塞感。对生活在这个时代的我们而言，世界遗产就是确确实实的存在物，是历经岁月洗礼而留下来的"实在物"。生活在不安时代的我们，在世界遗产面前会感到心灵缓和，得到治愈。对而今的人类而言，这具有十分积极的意义，我们能够从中感到稍许安心，这种心理性的背景也是而今引起世界遗产热潮的原因。

　　"实在物"超越时间与空间，它的存在感是现代社会无法获得的一种浪漫。而为什么在当时会将神佛造像安置在人们面前呢？因为这让人们感到肉眼不可见的巨大力量存在于身旁，当时的人们怀着虔诚笃信的心建造了神、佛的姿态，也是想将它们留给后人。

　　在遗迹前驰骋所思，会不自觉地联想到我们到底从何而来、我们又会到何处去。遗迹存在各种谜团，依然有许多等待探究明晰。用科学方法解读其传达出讯息的工作也十分必要。科学性地解读、阐释遗迹，查考遗迹相关的往昔人物，就是对遗迹进行研究。

　　在柬埔寨，人们走到哪里都能充满喜悦感。在这贫瘠的地方，这样的心态到底是如何做到的呢？除了人们的内心得到满足之外，并无其他原因了。换而言之，这里健全地发挥了人类本质性的思考方式，即与大自然相适应，与之和谐相处，在其中得到各种生活中所赋予的满足感。人们把这视为理所当然，把心灵寄托在上座部佛教，从中享受精神上的安泰。

上智大学为什么会获得R·麦格赛赛奖：
重拾民族荣耀的工程

柬埔寨通过自1992年至1993年的系列和平活动回到了政治稳定的局面。历经25年，柬埔寨人重新回到了以往习以为常的平和的日常生活。过去的难民们也回到故乡。对柬埔寨人而言，他们从内战的试炼中得到解放，终于开始了普通的生活。修复吴哥窟的消息，成为他们重拾民族自豪感的契机。

回到往昔习以为常的生活中后，吴哥窟成为柬埔寨人寻求根源的寄托、找寻民族自豪感的线索、虔诚崇敬的对象和实现民族团结的媒介。"到了吴哥窟，总会让人心灵平和，总会让人精神抖擞"，这成为当地人的口头禅。而当地如果有人的家人得病了，也会拿着数根病人的毛发去往吴哥窟祈福治愈。对柬埔寨人而言，去吴哥窟参诣已经成为日常生活的一部分。

笔者所在的上智大学吴哥遗迹国际调查团，在1993年向韩桑林总理提出"与柬埔寨本地遗迹保存员一起修复吴哥窟"的申请。而后，柬埔寨加入了东南亚国家联盟，在政治外交领域成为了正常国家。而回复其民族自豪感的契机，则要归功于吴哥窟。柬埔寨人正是通过吴哥窟的存在，实现了民族自信和团结。这究竟是什么原因呢？现代社会是毫无确定之物的时代，无论对于生活在这个时代的柬埔寨人还是对于我们而言，文化遗产、民族传统和祭礼节日确实就成为了可靠的"实在物本体"。生活在不安时代的我们，在民族的文化遗产面前，追忆往昔，唤醒以往的思考方式，确认了"坦率做自己"的原则。文化遗产作为超越时间和空间的确实存在，是我们现代社会难以得到的浪漫之物。

谢　辞

在文末，本书想向永旺财团名誉会长冈田卓也先生致谢。冈田先生在柬埔寨当地兴建了"西哈努克吴哥博物馆"，成为日本文化为柬埔寨作出贡献的金字塔，在2007年11月2日开馆仪式后，博物馆被捐赠给柬埔寨王国政府。而后一直至2017年，永旺集团一直无偿向其提供维修管理和补修工程。因此，本书借此机会向冈田先生致谢，祝愿他健康长寿。

其次，本书还要向曾经赴柬埔寨取材30次、拍摄照片并提供给笔者的摄影师大村次乡先生致谢，而向坂好生编辑也在4年间怀着耐心和热情鼓励笔者，使本书付梓，这里也要对他表示感谢。还有亚洲人才培养研究中心的主任萱间隆夫先生，不分昼夜地为本书进行校对，他把自己当作著者之一付出真挚的努力，笔者也表示衷心的感谢。

除此之外，还要感谢原先就为本书校对工作提供了帮助的隅节子女士、中井奈惠子女士和吉田桃子女士。柬埔寨的尼姆·索提旺研究员为本书收集了高棉语的数据，给笔者提供了帮助，本书也在这里表示诚挚的谢意。

2021年秋
石泽良昭

柬埔寨古代・中世历史年表

史前时代

新石器时代

前4290年：在高布斯滨（Kbal Spean，位于马德望省），发现小工具、线刻陶器、犀牛及其他动物的绘图等。

前2000—1000年：圆形村落（直径200米）：发现石器和陶器等。

前1500年：三隆盛（Samrong Sen）地区的贝冢遗址。越南东山遗迹：发现动物纹样和几何形状的青铜器、铜鼓。

前1280年：在姆鲁普雷（Mlu Prei）遗迹，出现干栏式住宅。

前2世纪：巨石纪念物遗址（发现了圆形村落、旱田、肉羹等）。

扶南时代

3世纪：中国史料中出现了"扶南"国名。

229年：吴国使节朱应、康泰访问扶南。扶南向大月氏国派遣使节。

357年：来自天竺的旃坛到达扶南。

4世纪末：东南亚最古的瓦康碑文（梵语），关于夏连特拉王朝有断片性的记载。

5世纪中叶：梵语碑文（瓦普寺附近遗迹）。引用了《摩诃婆罗多》并言及"德乌拉夏（神即是王）"。

357—453年：扶南国王①憍陈如・阇耶跋摩统治时期，相传他从印度而来，传播天竺法度。

434、435、438年：扶南向中国派遣使节。

484年：扶南向中国派遣佛教僧人那伽仙。

503年：扶南使节向中国进献珊瑚佛像等宝物。

514—550年：扶南最后一代国王②留陁跋摩统治时期。

517、519、520、530、535、539年：扶南向中国派遣使节。

真腊时代

6世纪末：中国史料中出现了"真腊"国名，取代了"扶南"。

598年：③拔婆跋摩一世（Bhavavarman I，④的兄长）统治时代，建设了拔婆跋摩都城（在三坡波雷古遗址附近）。在马德望地区和南方地区还存在其他王国。

7世纪初：迫于真腊势力的政治军事压力，扶南从特牧城迁移至那弗那城。

？—615年：④摩诃因陀罗跋摩（《隋书》称其为质多斯那）统治时期，柬埔寨东北部、老挝南部和泰国东北部都有许多碑文，此时与东面的邻国占婆交好。

615—637年：⑤伊奢那跋摩一世统治时期（④的王子）。从泰国东北部至湄公河三角洲都有他统治的痕迹。建造了寺院、祠堂等，与东面的邻国占婆有着政治、文化联系，也有记载称他殁于628年。

647年：⑥拔婆跋摩二世（⑤的王子）统治时期，639年有记载明显判明他的活动年份。

657—681年：⑦阇耶跋摩一世统治时期，都城设立在因陀罗补罗（大概在吴哥地区），统治区域相传已经到了洞里萨湖南部地区。

705—706年：依据中国史料，705—706年后，真腊分为陆真腊（北部）与水真腊（南部）。以婆罗提拔城作为分界，8世纪是柬埔寨各地群雄割据，但在经济上却实现了繁荣的时代。吴哥地区建造了以阿库纽姆寺为代表的众多工程。

711年：陆真腊向中国派遣使节。

713年：⑧阇耶黛维女王统治时代。她统治了吴哥地区。国王的名字以固定方式出现。判断阇耶黛维女王存在的唯一依据是她的年号。

722年：高棉军远征越南。

770—780年：某位阇耶跋摩从爪哇回到吴哥，逐次征讨地方小国。在因陀罗补罗即位，并建设诃里诃罗洛耶城和阿玛莲特补罗城。

吴哥时代

802—834年：①阇耶跋摩二世统治时期。

802年：阇耶跋摩二世在玛耶托拉帕尔塔（荔枝山）举行了首次"神即是王"的祭祀仪式，正式

231

即位，宣称自己为"转轮圣王"。

803—830年：再度回到诃里诃罗洛耶城。

834—877年：② 阇耶跋摩三世（①的王子）统治时期，他是狩猎大象的名手。

877—889年：③ 因陀罗跋摩一世统治时期，出身地方诸侯，曾经是先王皇太后的辅佐官僚。

877年：动员村民建造人工贮水池因陀罗塔卡。

879年：着手建造神牛寺。

881年：巴空寺建造了安置因陀罗湿婆拉神的木造小祠堂。

889—910年：④ 耶输跋摩一世（③数名王子中之一）统治时期。首次兴建耶输陀罗补罗城，开始建造东巴莱，建造巴肯寺。

889年：命令吴哥国内建造各僧坊。

892年：神牛寺建造完工。

893年：建造罗莱祠堂，为了让圣水从祭坛流向四方，使用了堆积石结构。

910年：⑤ 曷利沙跋摩一世（④的王子）统治时期。

910—922年：⑥ 伊奢那跋摩二世（④的王子）统治时期。

928—941年：⑦ 阇耶跋摩四世（④、⑤的侄儿）统治时期。建设贡开都城，建造贮水池拉帕尔，建造多姆寺，吴哥城与贡开城两都城分裂对峙。

941—944年：⑧ 曷利沙跋摩二世（⑦的王子）统治时期，范围在贡开城。

944—968年：⑨ 罗贞陀罗跋摩统治时期，迁都吴哥。

948年：修复巴云寺。

950年：远征占婆。

952年：兴建东湄本寺。

961年：兴建比粒寺。

967年：帝师耶输里乌拉哈着手建造女王宫。

969—1000年：⑩ 阇耶跋摩五世（⑨的王子）统治时期。

975年：开始建造茶胶寺。

990年：女王宫竣工。

1001—1002年：⑪ 乌达雅地耶跋摩一世（⑩的外甥）统治时期。

1002—1010年：⑫ 阇耶毗罗跋摩一世统治时期。

1002—1050年：⑬ 苏利耶跋摩一世统治时期，各地建造寺院，建成西巴莱。

1011年：以塔姆尔·帕赤（监察官）为首的约500人向苏利耶跋摩一世宣誓效忠。

1050—1066年：⑭ 乌达雅地耶跋摩二世统治时期。建造巴方寺和西湄本寺。

1052年：斯多加通碑文，记载王朝的历史。

1065年：卡姆瓦乌将军叛乱，桑格拉玛将军予以镇压。

1066—1080年：⑮哈萨跋摩三世（⑭的弟弟？）统治时期，改修巴方寺。

1067年：北宋皇帝英宗远征越南李朝时，命令高棉国王出兵。

1080—1107年：⑯阇耶跋摩六世统治时期，建造瓦普寺、柏威夏寺。

1107—1113年：⑰达炮因陀罗跋摩一世（⑯之兄）统治时期。

1113—1150年：⑱苏利耶跋摩二世（⑰之甥）统治时期，建造吴哥窟。

1116、1120年：向北宋派遣使节。

1128年：向越南李朝发动远征。

1145年：远征占婆，攻略其首都毗阇耶。

1150—1165年：⑲耶输跋摩二世统治时期。

1165—1177年：⑳萃呼番纳地亚迪跋摩（王位篡夺者）统治时期。

1177年：占婆国王阇耶·因陀罗跋摩四世攻略吴哥都城。

1181—1218年：㉑阇耶跋摩七世统治时期。国王为佛教徒，建造了吴哥通都城，着手建造巴戎寺，在吴哥各地兴建疗养院和宿驿，建阁耶塔塔卡。

1181年：在洞里萨湖与占婆军展开战斗。

1186年：着手建造塔普伦寺，安置佛陀。

1191年：建造大圣剑寺，安置佛陀。建造斑黛喀蒂寺（？）。

13世纪初：巴戎寺竣工。

1218—1243年：㉒因陀罗跋摩二世统治时期，延续继承了大乘佛教。

1243—1295年：㉓阇耶跋摩八世统治时期。改建巴戎寺，将其他佛教寺院也替换改建为印度教寺院。

1295—1307年：㉔室利因陀罗跋摩（第23代国王的女婿）统治时期。

1296年：中国人周达观造访吴哥。

1307—1327年：㉕室利因陀罗阇耶跋摩统治时期。

1309年：柬埔寨最早的巴利文碑文，记载了室利因陀罗阇耶跋摩的业绩。

1320年：中国使节团赴吴哥交涉购买驯象事宜。

1327—1351年：阇耶跋摩拜里迷苏剌王统治时期。

1330、1135年：向中国派遣使节。

1346年：记载了达柴帕恩的谥号。

1346—1351年：兰蓬罗阇王（？）统治时期。

1352年：暹罗攻陷吴哥。

1353—1357年：暹罗占领吴哥，持续两代由暹罗王子统治吴哥。

1357—1370年：苏利耶迭统治时期。

1370—1380年：婆罗摩罗摩国王统治时期。

1380—1393年：达马索卡拉迭拉加二世统治时期。

1393年：暹罗围攻吴哥，达马索卡拉迭拉加二世去世。

1393—1404年：因达拉加国王（暹罗王子）统治时期。

1417—1463年：勃涅亚王统治时期。

1431年：前阿瑜陀耶王朝军攻陷吴哥。

后吴哥时代

1433年：迁都斯雷桑托。

1434年：建造金边都城，王宫迁移到湄公河、洞里萨河与巴萨克河合流处。

1463—1468年：纳罗延·拉玛蒂菩提（Narayana Ramadhipati）统治时期。

1528—1567年：安赞一世统治时期。追加复修吴哥窟壁面。

1474年：承认暹罗对吴哥具有宗主权。

16世纪：洞里萨河河岸建造了日本人聚居区。

1528年：安赞一世兴建洛韦都城。

1535年：迁都洛韦。

1546年：追加复修吴哥窟。

1550—1551年：葡萄牙旅行者发现吴哥通。

1570年：柬埔寨王国光复暹罗所占原港湾土地。

1577年：修复吴哥窟。

1579—1595年：吉·哲塔一世统治时期。

1583年：巴肯寺设置佛像，葡萄牙人、西班牙人传教士造访吴哥。

1594年：在后阿瑜陀耶王朝的猛攻下，洛韦城成为废都。

1603年：再度归入暹罗统治下，承认暹罗对吴哥具有宗主权。

1604—1632年：日本人参诣者不断赴吴哥窟参诣（把它当作祇园精舍）。

1615年：阮朝公主下嫁柬埔寨王国。

1618年：建造乌栋王都。

1692年：暹族人（约5 000人）逃亡柬埔寨。

1731年：沙达二世割让柬埔寨南部两个州给越南。

1758年：乌迭二世承认越南对吴哥具有宗主权。

1792年：约10 000名柬埔寨人被强制带到暹罗去挖掘运河。

1795年：奔宰相肆意割让西北部两州给暹罗。

1814年：暹罗吞并北部三州。

1815年：越南抬遗数万柬埔寨人开掘运河。

1831—1832年：暹罗军围绕柬埔寨王位继承权与越南军对决，暹罗军败北。

1841年：越南吞并柬埔寨，行政官员皆出自越南，柬埔寨各地起义，安东王子自暹罗回国。

1843年：安东王子向越南和暹罗申请即位。

1853年：安东国王向法国派遣柬埔寨驻法使节，由于暹罗的妨碍而中止。

1860年：诺罗敦·安·吴哥即位。

1863年：抛开泰国顾问与法国签订保护条约，成为法国保护国。

1884年：法国与柬埔寨签订条约，法国强化统治，各地住民掀起反抗法国殖民的运动。

1887年：法属印度支那联邦成立。

1907年：暹罗返还西北部三州，吴哥遗迹地带归还柬埔寨。

1908年：法国远东学院设立吴哥遗迹保存局，让·戈迈耶担任首任保存官。

参考文献

Maspro, Henri: Etudes duhitoire d'Aannam: 6. La frontiere de l'Annam et du Cambodge du Ville au xrv e siecle BEFEO, n'18(3),P.29-36,1918年。

A・マルコー著、滝田文彦訳『王道』、新潮文庫、1970年。

三島由紀夫『癩王のテラス』、中公文庫、1975年。

石澤良昭、宇崎真『埋もれた文明——アンコール遺跡』、日本テレビ放送綱、1981年。

石澤良昭、『古代カンボジャ史研究』、国書刊行会、1982年。

岩宮武二、解説：石澤良昭『アンコール　岩宮武二写真集』、岩波書店、1984年。

石澤良昭・坪井善明、遠藤宣雄編:『カンボジャの文化復興』、第1—31号、上智大学アジア文化研究所、上智大学アジア人材養成研究センター、1984年－2021年。

石澤良昭『アンコール・ワット　甦る文化遺産』、日本テレビ放送綱、1989年。

石澤良昭編『タイの寺院壁画と石造建築』、めこん、1989年。

周達観著、和田久徳訳『真臘風土記——アンコール朝のカンボジア』（東洋文庫）、平凡社、1989年。

高崎光哲著、石澤良昭監修：『アンコール・ワット　拓本集（復刻版）』、五月書房、1993年。

G・セデス著、三宅一郎訳『アンコール遺跡――壮大な構想の意味を探る』、連合出版、1993年。

上智大学アジア文化研究所・上智大学アジア人材養成研究センター編『アンコール遺跡を科学する』第一回〜第二一回アンコール遺跡国際調査団報告会、上智大学アジア文化研究所・上智大学アジア人材養成研究センター、1993年〜2020年。

重枝豊「アンコール・ワットの魅力——クメール建築の味わい方」、彰国社、1994年。

田村仁（写真）、石澤良昭監修『Angkor——密林の王土アンコール』、恒文社、1994年。

石澤良昭編『文化遺産の保存と環境』（「講座　文明と環境」第一二巻）、朝倉書店、1995年。

B・ダジャンス著、石澤良昭監修、中島節子訳『アンコール・ワット——密林に消えた文明を求めて』（「知の再発見」双書）、創元社、1995年。

H・タット著、今川幸雄編訳『アンコール遺跡とカンボジアの歴史』、めこん、1995年。

石澤良昭『アンコール・ワット——大伽藍と文明の謎』、講談社現代新書、1996年。

J・デルヴェール著、石澤良昭・中島節子共訳『カンボジア』、文庫クセジュ、1996年。

石澤良昭編『おもしろアジア考古学』、連合出版、1997年。

B・P・グロリエ著、石澤良昭・中島節子共訳『西欧が見たアンコール――水利都市アンコールの繁栄と没落』、連合出版、1997年。

M・ジトー、D・ゲレ共著、石澤良昭監修、河田洋子訳『クメールの芸術――アンコール・ワットに見る華麗な美術　プノンペン王立美術館収蔵品』、芸術新聞社、1997年。

石澤良昭、生田滋「東南アジアの伝統と発展」(『世界の歴史』第一三巻)、中央公論社、1998年。

田村仁 (写真)、石澤良昭 (文)『アンコールの王道を行く』、淡交社、1999年。

山崎元一・石澤良昭ほか「南アジア世界・東南アジア世界の形成と展開――一五世紀」(『岩波講座世界歴史』 第六巻)、1999年。

Ishizawa, Y (ed) "Along the Royal Roads to Angkor" Weatherhill (New York)、1999年。

Ishizawa, Y (ed) "Commerce et Navigation en Asie du Sud-Est (XIVe-XIXe siecle)" L'Harmattan (Paris)、1999年。

石澤良昭監修、盛合禧夫編『アンコール遺跡の地質学』(「アンコール・ワットの解明」第二巻)、連合出版、2000年。

石澤良昭監修、中尾芳治編『アンコール遺跡の考古学』(「アンコール・ワットの解明」第一巻)、連合出版、2000年。

J・ボワスリエ著、石澤良昭・中島節子訳『クメールの彫像（新装版）』、連合出版、2000年。

石澤良旧（文）、内山澄夫（写真）『アンコール・ワットへの道——クメール人が築いた世界遺産』JTBキャンブックス、2000年。

石澤良昭監修、坪井善明編『アンコール遺跡と社会文化発展』（「アンコール・ワットの解明」第四巻)、連合出版、2001年。

石澤良昭監修、片桐正夫編『アンコール遺跡の建築学』（「アンコール・ワットの解明」第三巻)、連合出版、2001年。

石澤良昭責任編集「東南アジア古代国家の成立と展開」（『岩波講座東南アジア史』第二巻)、2001年。

遠藤宣雄『遺跡エンジニアリングの方——歴史・文化資源をどう活かす』、鹿島出版会、2001年。

石澤良昭（文）、大村次郷（写真）『アンコールからのメッセージ」（Historia 4)、山川出版社、2002年。

藤田和子編「モンスーン・アジアの水と社会環境」、世界思想社、2002年。

A・ムオ著、大岩誠訳『インドシナ王国遍歴記——アンコール・ワット発見』、中公文庫、2002年。

J・デルヴェール著、石澤良昭監修、及川浩吉訳『カンボジアの農民——自然・社会・文化』、風響社、2002年。

石澤良昭・樺山紘一『東洋の心　西洋の心』、ユーラシア旅行社、2002年。

石澤良昭訳『東南アジア史（増補新版）』、文庫クセジュ、2003年。

石澤良昭編「特集アンコール・ワットを科学する」『季刊文化遺産』第一八号、三省堂書店、2004年。

石澤良昭編「特集クメール文化の至宝　アンコール遺跡」『季刊民族学』一〇八号、千里文化財団、2004年。

Ishizawa, Y (ed) "Cultural Heritage, Identity and Information Technology-Angkor Wat and the use of three dimensional Digital Imaging Technology" 『Sophia AGLOS Working Papers Series』No.4 上智大学21世紀COEプログラム、Sophia AGLOS、2004年。

石澤良昭監修『プノンペン国立博物館所蔵　大アンコールワット展——壮麗なるクメール王朝の美』、東映、2005年。

石澤良昭編『アンコール・ワットを読む』、連合出版、2005年。

石澤良昭『アンコール・王たちの物語——碑文・発掘成果から読み解く』、NHKブックス、2005年。

Ishizawa, Y (ed) "Autonomous Development in Cambodia" 『Sophia AGLOS Working Papers Series No.9』、上智大学21世紀COEプログラム、2005年。

Ishizawa, Y(ed) "Cultural Heritage, Natural Environment and Tourism: New Perspectives on Angkor and Cambodian Studies" 『Sophia AGLOS Working Papers Series No.11』、上智大学21世紀COEプログラム、2006年。

石澤良昭『アンコール遺跡・残された歴史のメッセージ』、日本放送出版協会、2007年。

石澤良昭・大村次郷撮影『アンコールの仏像』、日本放送出版協会、2007年。

Ishizawa, Y (ed) "Manuel d'épigraphie du Cambodge" École francaise d'Extréme-Orient, 2007年。

石澤良昭・中島節子訳『アンコール・ワットの時代』、連合出版、2008年。

石澤良昭監修『世界遺産アンコール・ワット展──アジアの大地に咲いた神々の宇宙』、(岡田文化財団30周年記念会)(財)岡田文化財団、2009年。

石澤良昭『東南アジア多文明世界の発見』、講談社、2009年。

石澤良昭編『東南アジアの伝統と発展　文庫版（増補加筆版）』、中央公論新社、2009年。

石澤良昭編『アンコール・ワットへの道──クメール人が築いた世界文化遺産──（増補改訂版）』、JTBパブリッシング、2009年。

石澤良昭・丸井雅子共編『グローバル/ローカル文化遺産』、上智大学出版、2010年。

石澤良昭編『アンコールワット西参拝道路修復工事第1フェーズ（報告書）』、上智大学アジア人材養成研究センター、2011年。

石澤良昭『プノンペン国立博物館』、朝日新聞出版、2012年。

Ishizawa, Y "Challenging the Mystery of the Angkor Empire─

Realizing the Mission of Sophia University in the Asian World-"上智大学出版会、2012年。

石澤良昭『新・古代カンボジア史研究』、風響社、2013年。

石澤良昭・三輪悟『カンボジア密林の五大遺跡』、連合出版、2014年。

石澤良昭・中島節子訳『クメールの彫像』新装版、連合出版、2014年。

石澤良昭ほか・NHKスペシャル「アジア巨大遺跡」取材班編『NHKスペシャル アジア巨大遺跡――兵馬俑・バガン・アンコール』、NHK出版、2016年。

石澤良昭ほか『新自由主義下のアジア』、ミネルヴァ書房、2016年。

石澤良昭『アンコール・ワットと私』、連合出版、2018年。

石澤良昭『東南アジア多文明世界の発見』、講談社学術文庫、2018年。

石澤良昭『亦近亦遠的東南亞:夾在中印之間,非線性發展的多文明世界』〈繁体字中国語翻訳〉、八旗文化(台湾)、2018年。

K・ソック著、石澤良昭訳『カンボジア近世史』、めこん、2019年。

M・プン著、石澤良昭・佐藤恵子訳『カンボジア中世史』、めこん、2021年。

译后记

随着全球化进入3.0时代，技术、贸易的发展和人员、知识的流动日趋频繁，各文化、族群之间互相了解的必要性日渐增强。自大航海时代以来，欧美基于资本主义和殖民扩张而建立对亚洲的知识体系；相反，亚洲国家内部则从以往丝绸之路、海上丝绸之路的互惠互利历史中，找寻其文明的价值和相互借鉴的意义，从而具有了超越原有"西方中心论"的价值。柬埔寨王国曾经发展出强盛的吴哥文明，其对自然利用的程度，宗教与人的和谐性，建筑工程与社会治理的融合性都令人钦佩。中国元代的周达观造访时所撰《真腊风土记》，就清晰地记录了吴哥时期的物产资源、王朝结构、宗教信仰、建筑造像、社会关系和风土人情，是从亚洲自身出发考察的典范性著述。

与中国相比，日本的东南亚研究虽然起步稍晚，但随着其近代亚洲主义思潮和"南进战略"的驱动，学术逐渐贴近伯希和、费琅、马司帛洛等法国东方学者，相继涌现出藤田丰八、石田干之助、池内宏、山本达郎、石泽良昭等卓越的东南亚史地学者。我于博士期间撰写日本江户时代海外史地知识的相关内容时，就发现在《增补华夷通商考》《和汉三才图会》《四十二国人物图说》《采览异言》等著述中，已经对安南、吕宋、占城、真腊等地的物产、风土、人情进行了系统梳理，但当时的这些记述只是基于日本的物产调查和"华夷观"的角度出发，做了粗略的分析，尚没有进入日本人东南亚史地研究这个专门领域的门槛。但自那个时候开始，我的脑海中就开始出现了一连串问题：为什么近世以来日本人如此热衷于东南亚史地研究？第二次世界大战之前日本因亚洲主义而建构的"南洋想象"与而后的"南进政策"之间是怎样的关系？战后日本经济高速成长时期，日本为何又将东南亚视为自己领衔的"雁型模式"的"排雁"？日本的东南亚史地研究与其看待亚洲世界形成了怎样的关系？

自2014年与毕世鸿教授一同参与翻译《安南史研究Ⅰ》以来，至2024年完成《吴哥王朝兴亡史》，十年间本人已经完成了三部日本人关于东南亚地区研究的译著。回顾译述的历程，从起初借助辞典、地图、百科信息逐个核查人名、地名、事件名，到而今逐渐对以上问题有了一些较为清晰的线索，不得不感激孙来臣教授和译林出版社给予了如此珍贵的再次深入学习机会。

纵观《吴哥王朝兴亡史》，译者根据其撰写思路，整理出来以下特点：

第一，善于使用碑文遗迹一手文献，临近历史的现场。吴哥王朝时代，类似于纸张之类轻便的书写历史载体较为稀少，主要依赖贝叶,但由于其易受风蚀,损坏严重,存世十分稀少,要想获得关于吴哥王朝的一手史料,就需要另辟蹊径。著者继承了法国远东研究院在研究东南亚史过程中重视各处留存碑文的传统,发现吴哥境内留存了古高棉语、梵语、巴利语、近世高棉语、孟族语碑文。著者和其所在的上智大学调查团专门赴柬埔寨实地考察这些碑文遗迹,凭借技术复原水平和扎实的南亚、东南亚语系解读功底,还原出关于国王即位、宗教仪式、争夺权力、对外征伐等丰富的信息。相比译者之前翻译山本达郎《安南史研究Ⅰ》着重比对越南、法国文献与汉文文献的文献考据,以石泽良昭为代表的日本新一代东南亚史地研究者更凸显出碑文见证历史的重要性,本著随处可见"根据碑文"的阐述,越过"层层累积"的后世文献,还原细节。

第二,将宗教信仰放置在特定的时代环境中解读。纵观吴哥文明遗址,处处都留存了印度教和佛教的庙宇、塔堂、塑像以及浮雕,给人的直观印象就是,吴哥在东南亚的密林里再造出了须弥山和"祇园精舍"。不过,《吴哥王朝兴亡史》并不将重心放在教义的阐释上,而关注到早期吴哥国王运用婆罗门教建立"神即是王"仪式的权力建构、宗务高官推崇即位仪式倡导大兴土木背后的扩张势力意图、阇耶跋摩七世以佛教教义和僧侣安抚各地势力与人心的稳固初衷、阇耶跋摩八世崇印度教斥佛教举措的再塑权威意识。这体现出著者坚持信仰是在王朝特定社会经济与政治结构需要中诞生及变革的立场,也揭示出吴哥并非原封不动地移植印度教、佛教教义,而是结合吴哥当地环境、文化习俗和王朝政治传统对宗教进行改造与再加工,呈现出神佛加持王权的结果。这种具体到历史事实揭开吴哥宗教信仰面纱的实证态度，某种程度上也与唯物史观吻合。

第三，除了王政、建都、迁都、战争等政治军事内容之外，著者也将重心放在社会生活中，把吴哥境内的寺庙、王道、雕像、贮水池等建筑工程放在王朝治理和社会体系中考量。例如，著者用拔掉土地界桩的案例，分析民众、贵族、高官围绕土地展开的纠纷，指出吴哥时代虽然推行宗教性色彩强烈的统治，但也行使与行政密切相关的司法权。吴哥时代基于平等而执行公平的法律判决，以此来维持社会生活的和平与秩序。著者运用碑文和《真腊风土记》，还原了当时的司法制度和诉讼程序，阐述了王朝内部使用习惯法、"神明审判"刑罚和独具特色私刑的细节，凸显出宗教、律法、王权和社会各要素在法律中的作用。著者对巴莱贮水池的剖析，将王朝组建的水利工程与农业灌溉、人口数量联系起来，印证了格罗利尔所提出的"水利都市论"。著者还关注到阇耶跋摩七世时期建造的圣剑寺教育机构和"明灯之家"疗养院，分析王朝对教育、医疗、贸易的种种举措，将上层政策与民众生活结合考虑，分析建筑工程对生产、贸易、福利造成的影响，还探索了自然与人之间，宗教与现实之间，信仰世界和生活世界之间的和谐共存关系。

第四，对《真腊风土记》这一珍贵汉籍进行了十分细致的分析。元代周达观将自己造访吴哥的经历整理成《真腊风土记》一书，通过古代中国人独具儒教合理主义的立场和非近代殖民者的第三方见证人视角，系统考察其风土、物产、历史与社会面貌，这本书也被后世作为解读吴哥时代的重要资料。汉籍是近代以来日本东南亚研究者考据、实证所常用的史料依据，山本达郎在《安南史研究Ⅰ》中就大量采用、对比了中越双方的原始资料，运用到中国的《元史》《明史》《皇明实录》《平定交南录》《越峤书》等正史与札记，比照越南的《安南志略》《大越史记全书》《大越通史》《南山实录》《大南一统志》等，对其中记载进行了考证和辨伪，明确了元、明两代越南的国主、地名、传说和中越交涉的细节。石泽良昭在本著中亦是如此。例如，在阐述巴方寺的参拜道路时，他不仅利用了实地照片和实地考察经验，而且引用了《真腊风土记》中的"东向金桥一所；金狮子二枚，列于桥之左"，还原他见证时期的情形。周达观造访时，吴哥已经在与阿瑜陀耶王朝的战争中逐渐衰弱，他本人距离这段历史更近，而留存的碑文稀少，故著者在阐述这段时期历史时就大量使用了《真腊风土记》所载内容，例如《真腊风土记》用"人家稍密，亦自有镇守之官，名为买节"还原动员村民的情况。作者还用"近与暹人交兵，遂皆成旷地"、"军马亦是裸体、跣足，右手执标枪，左手执战牌，别无所谓弓箭、炮石、甲胄之属。传闻与暹人相攻，皆驱百姓使战"的记述，详细还原战争给高棉带来的损失。本书将《真腊风土记》作为与碑文、建筑、造像相应的重要佐证资料，实现了实地遗迹与传世文献互证的"二重证据法"。

第五，《吴哥王朝兴亡史》全篇使用了大量建筑、浮雕、雕塑的图片，图文并茂、图像证史的能力十分娴熟。在阐述包括女王宫、圣剑寺、崩密列寺、塔普伦寺在内的寺院时，不仅配有整体的寺院照片，而且专门用了一章内容结合巴戎寺浮雕图片，将占婆与吴哥军队战斗场景、阇耶跋摩七世时期市场和厨房民众生活场景、洞里萨渔民捕鱼用餐场景等细致景象展现出来。而关于搅拌乳海、娜迦坐佛、高棉微笑、断臂卧佛等图像，著者又结合宗教、文学、艺术和政治变革等要素，将历史体现在造像中，将造像还原回历史中。难能可贵的是，著者还用了建筑、灌溉等技术工程图，对水利都市、越田灌溉、吴哥窟巨大工程石材的运输建造进行了图示分析，令读者更加直观形象地理解和感受吴哥灿烂辉煌且多样的文明。

但是，《吴哥王朝兴亡史》也存在一些不足与缺陷。站在译者的角度而言，本著作为日本人的东南亚史地研究著述，还是带有比较浓厚的日本国家立场与较为鲜明的本位色彩。本书最后一章中，用大量篇幅介绍了永旺财团、上智大学国际调查团出资柬埔寨政府恢复吴哥遗迹的事例，体现出日本帮助柬埔寨发现吴哥的意味，也对上智大学获得柬埔寨政府奖项表示欣慰。在分析和看待阿瑜陀耶王朝与吴哥战争导致吴哥衰亡时，仅仅从外来挑战者的角度解读，并没有基于内部经济生产、社会结构的变化做分析，令人感觉意犹未尽和稍许遗憾。

尽管存在一些瑕疵，但《吴哥王朝兴亡史》仍是在著者常年实地考察结合最新碑文解读的基础上，通过传世文献与遗迹碑文等结合的二重证据法著成的一本佳作，它从具体的王权建构、社会生活、法律制度、内外战争等多角度揭开了东南亚森林中"祇园精舍"的神秘面纱。由于它图文并茂、通俗易懂，因而深入浅出地补充了国内介绍吴哥王朝、高棉王朝所存在的信息差,译者也希望通过本著可以让更多中国读者一览吴哥文明这一世界文化遗产背后的历史,也可以让读者们对柬埔寨这一处于海上丝绸之路沿线的东南亚邻国产生更多了解。

瞿 亮

2024年3月20日

"方尖碑"书系

第三帝国的兴亡：纳粹德国史
　　　　［美国］威廉·夏伊勒

柏林日记：二战驻德记者见闻，1934—1941
　　　　［美国］威廉·夏伊勒

第三共和国的崩溃：一九四〇年法国沦陷之研究
　　　　［美国］威廉·夏伊勒

新月与蔷薇：波斯五千年
　　　　［伊朗］霍马·卡图赞

海德里希传：从音乐家之子到希特勒的刽子手
　　　　［德国］罗伯特·格瓦特

威尼斯史：向海而生的城市共和国
　　　　［英国］约翰·朱利叶斯·诺里奇

巴黎传：法兰西的缩影
　　　　［英国］科林·琼斯

末代沙皇：尼古拉二世的最后503天
　　　　［英国］罗伯特·瑟维斯

巴巴罗萨行动：1941，绝对战争
　　　　［法国］让·洛佩　［格鲁吉亚］拉沙·奥特赫梅祖里

帝国的铸就：1861—1871：改革三巨人与他们塑造的世界
　　　　［美国］迈克尔·贝兰

罗马：一座城市的兴衰史
　　　　［英国］克里斯托弗·希伯特

1914：世界终结之年
　　［澳大利亚］保罗·哈姆

刺杀斐迪南：1914年的萨拉热窝与一桩改变世界的罗曼史
　　［美国］格雷格·金　［英国］休·伍尔曼斯

极北之地：西伯利亚史诗
　　［瑞士］埃里克·厄斯利

空中花园：追踪一座扑朔迷离的世界奇迹
　　［英国］斯蒂芬妮·达利

俄罗斯帝国史：从留里克到尼古拉二世
　　［法国］米歇尔·埃莱尔

魏玛共和国的兴亡：1918—1933
　　［德国］汉斯·蒙森

独立战争与世界重启：一部新的十八世纪晚期全球史
　　［美国］马修·洛克伍德

港口城市与解锁世界：一部新的蒸汽时代全球史
　　［英国］约翰·达尔文

战败者：1917—1923年欧洲的革命与暴力
　　［德国］罗伯特·格瓦特

盎格鲁-撒克逊人：英格兰的形成，400—1066
　　［英国］马克·莫里斯

巴比伦城：神话与奇迹之地
　　［英国］斯蒂芬妮·达利

吴哥王朝兴亡史

　　　　［日本］石泽良昭

（更多资讯请关注新浪微博@译林方尖碑，
　　微信公众号"方尖碑书系"）

　　方尖碑微博　　　　方尖碑微信